Vamos brincar de quê?

Cuidado e educação no desenvolvimento infantil

CIP-BRASIL. CATALOGAÇÃO NA FONTE
SINDICATO NACIONAL DOS EDITORES DE LIVROS, RJ

V295

Vamos brincar de quê? : cuidado e educação no desenvolvimento infantil / organização Daniele Nunes Henrique Silva, Fabrício Santos Dias de Abreu. – São Paulo : Summus, 2015.
192 p. : il.

Inclui bibliografia
ISBN 978-85-323-0994-5

1. Jogos educativos. 2. Educação de crianças. 3. Jogos infantis. 4. Brincadeiras. I. Silva, Daniele Nunes Henrique. II. Abreu, Fabrício Santos Dias de.

14-18251 CDD: 371.397
CDU: 371.695

www.summus.com.br

EDITORA AFILIADA

Daniele Nunes Henrique Silva
Fabrício Santos Dias de Abreu
(orgs.)

Vamos brincar de quê?

Cuidado e educação no desenvolvimento infantil

summus
editorial

VAMOS BRINCAR DE QUÊ?
Cuidado e educação no desenvolvimento infantil

Editora executiva: **Soraia Bini Cury**
Assistente editorial: **Michelle Neris**
Capa: **Gabrielly Silva**
Projeto gráfico: **Acqua Estúdio Gráfico**
Diagramação: **Santana**
Impressão: **Sumago Gráfica Editorial**

Summus Editorial
Departamento editorial
Rua Itapicuru, 613 – 7º andar
05006-000 – São Paulo – SP
Fone: (11) 3872-3322
Fax: (11) 3872-7476
http://www.summus.com.br
e-mail: summus@summus.com.br

Atendimento ao consumidor
Summus Editorial
Fone: (11) 3865-9890

Vendas por atacado
Fone: (11) 3873-8638
Fax: (11) 3872-7476
e-mail: vendas@summus.com.br

Impresso no Brasil

Este livro é dedicado ao professor doutor
*Angel Pino Sirgado (*in memoriam*).*

Sumário

Apresentação da coleção

A coleção “Imaginar e criar na educação infantil” tem como principal objetivo ampliar a discussão sobre as atividades criadoras infantis e seus desdobramentos educacionais. Partindo, centralmente, da contribuição teórica da perspectiva histórico-cultural (Lev Seminovich Vigotski e colaboradores), os textos que compõem a coleção buscam preencher uma lacuna nas publicações voltadas para a formação docente em educação infantil, no que tange à problemática que envolve os processos de imaginação da criança pequena.

Aqui, a brincadeira de faz de conta, a narrativa e o desenho, entre outros, são dimensões que caracterizam e qualificam a produção cultural da criança pequena e, por isso, merecem dos educadores um olhar privilegiado e atenção especial.

Não se trata de um manual, nem mesmo de um compêndio teórico. Pretendemos, de fato, compor um tipo de leitura que aproxime o leitor dos temas complexos implicados no desenvolvimento da criança, chamando a atenção para suas esferas criativas de expressão e representação do/no mundo.

Tentamos criar uma ponte entre as pesquisas mais atuais produzidas pela educação, pela psicologia e por áreas afins (em diferentes universidades brasileiras) – organizadas em forma de teses e dissertações – e as rodas da sala de aula. Para obter êxito nesse translado, que não é muito simples, decidimos montar uma edição que pudesse ser bem amiga do leitor-professor; um texto com pistas para garantir maior proximidade com o conteúdo teórico exposto nos livros articulado à realidade da escola e aos problemas lá enfrentados.

Sem perder a profundidade acadêmica necessária à abordagem dos temas selecionados, mas ganhando uma dinamicidade na leitura, pensamos em uma edição com boxes explicativos, episódios de sala de aula e sugestão de atividades (esta última estruturada por professores da educação infantil espalhados pelo Brasil).

O nosso foco é você, educador, que está do outro lado vendo tudo acontecer, sentindo (na pele) todas as transformações brotadas da/na sala de aula, desejoso de diálogo.

Daniele Nunes Henrique Silva
Instituto de Psicologia da Universidade de Brasília (UnB)

Prefácio
Das artes do brincar: seu papel no desenvolvimento cultural da criança

*Ana Luiza Bustamante Smolka**

O convite para prefaciar esta coletânea de textos me afeta, emociona e mobiliza em vários sentidos: pela temática colocada em pauta – o brincar no desenvolvimento da criança –, que os organizadores elegem como campo de problematização, atuação e pesquisa; pela proposta que, ao privilegiar a mediação e a imaginação na educação infantil, aponta para possibilidades de atuação nas relações de ensino; pelos colegas que o livro reúne, cujas trajetórias profissionais se entrecruza(ra)m, em diferentes momentos e de diversas formas, em torno das ideias de Vigotski; pela presença de muitas das contribuições do professor Angel Pino, companheiro de caminhada de longa data, a quem este volume é dedicado.

A emoção transborda na atividade de leitura, no encontro que acontece com cada um desses autores. Surgem imagens, palavras ressoam, lembranças emergem... E eu me recordo de, 40 anos atrás, câmera de vídeo e tripé em mãos, estar observando e registrando a atividade de crianças de 4 anos de idade em contexto de educação pré-escolar. Vejo-me novamente envolvida na brincadeira e no alarido de meninos e meninas em muitas cenas do cotidiano. Relembro e imagino e me deleito ao celebrar esse (re)encontro de pessoas e ideias.

*Docente da Faculdade de Educação da Universidade Estadual de Campinas (Unicamp).

Era a década de 1970, e o papel do jogo no comportamento humano ganhava amplo destaque no campo da educação. Pude participar intensamente de discussões de textos clássicos de autores como Ernest Cassirer, Susan Langer e Johan Huizinga em diálogo com a teoria da evolução de Darwin e os estudos etológicos e antropológicos de Karl Gross. As contribuições de Freud e Winnicott, no âmbito da psicanálise, eram consideradas. Mas predominavam, no universo em que me encontrava inserida, os estudos na perspectiva da psicologia genética piagetiana.

O fato é que, no curso do século XX, a importância do jogo vai sendo cada vez mais reconhecida e fundamentada nas diversas áreas de conhecimento. Estudos de caráter biológico, etológico, antropológico, psicológico e psicanalítico expandiam-se e se multiplicavam. Os debates giravam em torno da relevância da atividade lúdica no desenvolvimento e na aprendizagem das crianças, e do valor do brincar como alternativa válida na prática educativa. A brincadeira tornou-se objeto de investigação sistemática e ganhou um estatuto *sui generis* na academia, com importantes repercussões nas teorias e práticas pedagógicas.

Na passagem para a década de 1980, com a tradução e a publicação das obras de Vigotski no Ocidente, novos argumentos se apresentavam com relação aos modos de se considerar o brincar no desenvolvimento cultural da criança. Se as teorias até então tendiam a enfatizar o caráter natural, espontâneo e prazeroso da atividade lúdica, Vigotski, leitor de Espinosa, Darwin, Freud, Marx, Cassirer, Gross, Piaget, entre muitos outros, levantava indagações e apontava para outras possibilidades de interpretação ao assumir que a constituição das funções psicológicas superiores especificamente humanas encontram-se intrinsecamente entretecidas à história e à cultura. Suas análises provocavam controvérsias: não é o prazer ou o puro divertimento que caracteriza necessariamente a brincadeira; todo jogo, toda brincadeira têm regras; o brincar, como atividade humana, é lócus potencial de desenvolvimento; a brincadeira, atividade principal na infância, é meio/modo de apropriação da cultura pela criança.

Assim, se Gross nos ensina a enxergar o aspecto lúdico na motricidade humana e vê na brincadeira da criança relações com sua personalidade; se a teoria psicogenética de Piaget busca evidenciar, em suas minuciosas descrições e análises, os aspectos cognitivos da construção do símbolo na criança; se Cassirer ressalta a dimensão simbólica e cultural do jogo e Huizinga argumenta sobre o papel central deste como elemento estruturante da cultura, a contribuição que nos trazem os pensadores russos, mais particularmente Vigotski, Leontiev e Elkonin, diz respeito ao estatuto do brincar no processo histórico de humanização, na constituição humana do homem, como enfatizava Angel Pino. Ao enfocar a sociogênese do desenvolvimento humano e ressaltar a dimensão social e histórica da atividade lúdica, esses autores enfatizam o lugar da criança na cultura, como protagonista na dinâmica das relações sociais, nas condições concretas de vida. A brincadeira da criança, como atividade humana impregnada de significação, de sentido, é redimensionada pelo ponto de vista teórico que orienta também possíveis formas de mediação do adulto nas relações de ensino.

Os textos reunidos nesta coletânea dialogam com os pensadores na perspectiva histórico-cultural, buscando adensar os argumentos e explorar as implicações das teses apresentadas. Nas discussões teóricas e nas análises de situações vivenciadas, os autores comentam concepções e propostas de educação infantil; evidenciam a participação ativa e imaginativa das crianças; tematizam e chamam a atenção para questões que permeiam as condições de vida na contemporaneidade, como a desigualdade, a inclusão, a produção tecnológica; admitem o desafio e reiteram a responsabilidade do trabalho docente, levantando sugestões e abrindo um amplo leque de possibilidades de atuação.

Em meio a tantas publicações recentes em torno do tema, o conjunto dos textos e a forma de apresentação deles tem o mérito de possibilitar aos leitores uma compreensão ao mesmo tempo abrangente e aprofundada de aspectos teóricos, empíricos e práticos relacionados à atividade lúdica na criança. Dentre os aspectos que se explicitam nesta publicação coletiva, considero importante destacar aqui: o brincar como atividade criadora, lócus de elaboração (d)e vivência de papéis e posições sociais; a brincadeira como meio/modo de apropriação, mas sobretudo de criação e (trans)formação da cultura; a importância da mediação e do olhar interpretativo – imaginativo – dos adultos nos gestos de ensinar; as intrínsecas articulações entre emoção, memória, imaginação na constituição dramática da personalidade, do psiquismo humano.

Vale a pena mergulhar na leitura, conhecer os pontos de vista e acompanhar o trabalho e os argumentos de cada um dos autores. Ficam os leitores, especiais interlocutores, convidados a participar do diálogo, e a fazer repercutir e a dinamizar um fecundo debate de ideias.

1

A constituição cultural da criança e a brincadeira: contribuições e responsabilidades da educação infantil

Ivone Martins de Oliveira
Anna Maria Lunardi Padilha

Introdução

Este texto visa discutir as contribuições da educação infantil para a constituição cultural da criança, sobretudo no que diz respeito ao brincar como prática social.

As crianças de até 5 anos, tanto as que estão quanto as que deveriam estar nas instituições de educação infantil, são sujeitos situados historicamente e, portanto, se constituem a partir das relações sociais nas quais se envolvem no contexto em que vivem. Diante disso, perguntamos sobre a educação de que necessitam essas crianças em seu processo de hominização e sobre as contribuições que as práticas pedagógicas na educação infantil – sobretudo o brincar – po-

Este capítulo propõe:

- A educação da criança pequena em espaços coletivos.
- O desenvolvimento cultural da criança e a brincadeira.
- A brincadeira na educação infantil, a prática pedagógica e o professor.

dem oferecer para o desenvolvimento das funções psicológicas superiores, ou culturais, que as constituem como humanas.

Até que ponto nós, professores, estamos atentos para o que essas crianças necessitam e dizem ao brincar? Considerando que se coloca como objetivo maior da educação infantil a promoção de condições para o *desenvolvimento integral* das crianças, e que o desenvolvimento cultural pressupõe a entrada delas no mundo do simbólico, faz-se necessário refletir sobre a passagem das crianças bem pequenas para esse mundo simbólico, a função que têm os professores nessa transição e o papel e o lugar da brincadeira nesse processo nos dias atuais.

Para isso, entendemos ser essencial uma compreensão mais ampla da brincadeira no que se refere à sua emergência na atividade da criança, à sua amplitude e aos seus modos de configuração, bem como ao trabalho educativo nesse processo. Tal reflexão pretende trazer subsídios para o currículo na educação infantil, contribuindo para que se considerem conhecimentos, valores e habilidades que estão em jogo na brincadeira da criança pequena em espaços coletivos.

A educação das crianças pequenas em espaços coletivos

Todos nós já ouvimos dizer que as crianças pequenas devem ficar em casa, com a mãe, sendo a escola para um período posterior, quando chega a hora de ler e escrever. É verdade também que muitos pais procuram creches para os filhos e não encontram vagas; queixam-se, com razão, de que não podem trabalhar porque não têm onde deixar as crianças. E quantos pais deixam os filhos pequenos com vizinhos ou com os filhos maiores?

Quando deparamos com situações semelhantes, identificamos que, tanto em relação às concepções de educação e de educação infantil quanto no que diz respeito às políticas públicas, estamos longe – mesmo que já tenhamos avançado – de compreender o papel das instituições de ensino no desenvolvimento das crianças de até 5 anos. Ainda não conseguimos, também, criar as condições adequadas ao seu desenvolvimento e à sua vida como crianças, nos diversos contextos históricos e sociais em que elas atuam.

Situações como as identificadas por Américo (2013) em seu estudo não são meras exceções. Durante as entrevistas que realizou com adultos no Quilombo Ivaporunduva, no estado de São Paulo, Américo ouviu depoimentos acerca das escolas de educação infantil para as crianças que lá moravam. Vejamos o relato de uma moradora do quilombo: "Os bebês quilombolas mamam no peito até dois, três anos. Não é só por questão de saúde, mas por questão financeira. Não existe escola infantil do ciclo berçário que atenda crianças de 0 a 3 anos".

Mas de que maneira as instituições de educação infantil podem contribuir para a educação das crianças de até 5 anos? Teriam elas papel relevante em sua formação?

Se analisarmos a história da educação, veremos que a ideia de educar crianças menores de 6 anos já era tratada por Comênio (1592-1670), que advogava que o que nos chegava pelos sentidos seria futuramente interpretado racionalmente. Na educação das crianças pequenas, portanto, era importante a utilização de muitos objetos e situações que as auxiliassem futuras aprendizagens. Ele também disse, em sua *Didática magna* (1997), que desde o berço era necessário infundir regras saudáveis de vida.

> Jan Amos Komenskú (Comênio), mestre, cientista, escritor e integrante da classe eclesiástica, nasceu em 28 de março de 1592, no município de Nivnitz, na Morávia, região localizada na Europa central, atualmente território da República Tcheca. Ele foi educado em um núcleo familiar protestante, no interior da igreja dos irmãos morávios, dentro de um padrão de estrita humildade, singeleza e princípios inflexíveis e devotos. (Fonte: <http://www.infoescola.com/biografias/jan-amos-comenius/>. Acesso em: 26 de ago. 2013.)

Nos séculos XVI e XVII, com o desenvolvimento do conhecimento científico que acompanhou a expansão do comércio, a educação das crianças pequenas passa a merecer atenção, ainda bastante elementar, levando à criação de escolas na Inglaterra, na França e em outros países europeus, como nos conta Oliveira (1995). No decorrer da história, vamos encontrar autores que, de forma pioneira, foram construindo a ideia de educação da infância, educação para a infância ou educação infantil.

Lembremos que, no Brasil, depois da abolição oficial do escravismo, houve uma explosão urbana; as famílias chegavam às cidades sem saber o que fazer com os filhos, que eram chamados de vagabundos. As crianças ficavam pelas ruas pedindo esmolas. Como atender às crianças pobres da população? E, em seguida, como ter escola para todas as crianças pequenas? Ainda segundo Oliveira, quando homens e mulheres da classe média, no final do século XIX, passam a procurar creches para deixar os filhos e, assim, sair para trabalhar, tem início uma pressão política para a organização de uma educação infantil. Começa um movimento de luta pela democratização da escola pública e, em 1988, a Constituição reconhece a educação em creches e pré-escolas como direito da criança e dever do Estado.

De lá para cá, foram criadas muitas resoluções e implementações de políticas públicas para a educação infantil. Recentemente, novas normas foram estabelecidas. Vejamos o que diz o portal do Ministério da Educação:

> **Crianças terão de ir à escola a partir dos 4 anos de idade**
> As crianças brasileiras devem ser matriculadas na educação básica a partir dos 4 anos de idade. Para atender essa obrigatoriedade – a matrícula cabe aos pais e responsáveis –, as redes municipais e estaduais de ensino têm até 2016 para se adequar e acolher alunos de 4 a 17 anos. [...] A lei n. 12.796/2013 também estabelece que a educação infantil [...] contempla crianças de 4 e 5 anos na pré-escola [...]. (Brasil, 5 abr. 2013)

Embora a educação seja um direito da criança, ainda há um grande contingente de famílias que, mesmo optando pela educação infantil para os filhos, não tem condições de efetivar essa opção, pois não há vagas para todos. Segundo dados do Instituto Brasileiro de Geografia e Estatística (IBGE), em 2010, o Brasil atendeu em creches apenas 23,6% das crianças de até 3 anos de idade – mais de dois milhões estavam matriculadas.

Que dizer das crianças dessa faixa etária? O Estatuto da Criança e do Adolescente (ECA) e a Lei de Diretrizes e Bases da Educação (LDB) afirmam que educação e cuidado são direitos delas antes mesmo de seu nascimento. O atendimento a essa população deve ocorrer em creches, as quais, para além de um caráter assistencialista e higienista, devem orientar-se por uma perspectiva educativa e ter como foco a interação e a brincadeira.

> [...] a primeira etapa deste percurso orienta-se não para conteúdos ou o conhecimento formal. Antes de tudo, a educação infantil deve atuar sobre dois eixos fundamentais: a interação e a brincadeira. A proposta pedagógica e as atividades devem considerar estes eixos.
> O ambiente escolar também deve refletir esta preocupação. A indicação é que o espaço seja dinâmico, vivo, "brincável", explorável, transformável e acessível para todos. (Brasil, 3 abr. 2012)

Sem dúvida, nas últimas décadas, a educação infantil avançou de maneira significativa em relação a aspectos de ordem administrativa, financeira e pedagógica. Entre esses avanços, podemos destacar: a definição de investimentos para a educação infantil no Fundo Nacional de Desenvolvimento da Educação Básica (Fundeb); programas de melhora da infraestrutura das unidades de educação infantil; significativa expansão das matrículas nas redes públicas de ensino; instituição de programas de formação de professores; definição de parâmetros de qualidade para a educação infantil e a própria atualização das Diretrizes Curriculares Nacionais para a Educação Infantil (DCNEI).

Entretanto, ainda há muitos desafios a ser enfrentados. Segundo Vieira (2011), as desigualdades sociais se refletem em desigualdades de oportunidades educacionais. É possível identificar disparidades no acesso à educação infantil conforme a idade, a renda, a localização em área urbana ou rural e a etnia/cor.

Ao discorrer sobre as grandes vítimas das desigualdades sociais e de oportunidades educacionais, Vieira (2011, p. 250) afirma que "as crianças mais novas, as mais pobres e as não brancas têm sido as mais penalizadas".

No que diz respeito ao trabalho educativo, convivemos ainda com práticas pedagógicas assentadas em concepções polarizadas sobre a maneira como a educação dessas crianças deve ocorrer nos espaços coletivos. Vários estudos (Maranhão, 1998; Vitta, 2004; Kuhlmann Jr., 2011) indicam que as práticas educativas nos centros de educação infantil ainda oscilam. De um lado, existe uma perspectiva assistencialista, que entende que a função da educação de crianças, sobretudo as das camadas populares, é acolhê-las, cuidar delas e protegê-las enquanto seus pais trabalham; de outro, há uma perspectiva "escolarizante", que vê a educação infantil basicamente como uma preparação das crianças para as demandas do ensino fundamental, sobretudo no que diz respeito às habilidades perceptuais, motoras e cognitivas.

Pensemos também na organização do trabalho educativo e no papel da equipe gestora na coordenação dos diversos profissionais que atuam nas unidades desse segmento escolar. É preciso levar em conta, ainda, a divisão do trabalho entre professores e berçaristas – divisão que, aparentemente, serve para que a escola seja organizada e nada falte para as crianças que lá estão, mas que também pode oferecer risco à indissociabilidade entre cuidar e educar.

Outro conjunto de desafios diz respeito ao modo como o brincar tem sido concebido pelos profissionais que atuam com as crianças e as práticas educativas de caráter lúdico implementadas para elas, o que interfere significativamente nas condições de seu desenvolvimento.

Para dar sequência a essa discussão, no próximo item, analisaremos o desenvolvimento das funções culturais das crianças para nos aproximarmos dos objetivos da educação infantil no que se refere ao brincar.

O desenvolvimento cultural da criança e a brincadeira

Participar da cultura humana implica ter acesso aos bens culturais e simbólicos, tendo a instituição de educação infantil a tarefa de inserir as crianças no mundo da cultura, além satisfazer suas necessidades e protegê-las.

Pino (2005, p. 59) ensina que cultura, de acordo com a perspectiva histórico-cultural do desenvolvimento, é entendida como "o conjunto das produções humanas, as quais, por definição, são portadoras de significação, ou seja, daquilo que o homem sabe e pode dizer a respeito delas". Dessa forma, concluímos que o nascimento cultural da criança é a porta para que ela entre nesse universo da cultura, apropriando--se dele e compartilhando-o. A educação é condição para que cada criança tenha acesso aos bens culturais que a humanidade foi construindo através dos tempos e se constitua, ela própria, como membro da cultura.

Leontiev (2004, p. 305) diz que, para explicar o desenvolvimento infantil, é preciso notar que no "decurso do desenvolvimento da criança, sob a influência das circunstâncias concretas da sua vida, o lugar que ela ocupa objetivamente no papel das relações humanas muda". No período da educação infantil, pelas atividades que desenvolve, pelo modo como brinca e como brincam com ela, o mundo das pessoas que a cercam vai se abrindo aos poucos e ela passa a pertencer a esse mundo. A criança descobre as relações humanas conforme as posições que ocupa nas relações que estabelece. Ela vai se constituindo como *pessoa* a partir das múltiplas possibilidades de relações a que tem acesso, tendo a educação infantil papel fundamental nesse processo.

Para prosseguir com essa reflexão, é importante que pensemos um pouco mais detalhadamente no sentido que estamos atribuindo ao *desenvolvimento* e ao *desenvolvimento das funções psicológicas superiores ou culturais e simbólicas.* Ou seja, a depender de como o concebemos, o desenvolvimento humano será o modo como abordamos o brincar a fim de impulsionar o desenvolvimento da criança. Para isso, recorremos a Vigotski, a Leontiev e a outros autores que possam nos ajudar a elaborar esses conceitos na mesma perspectiva teórica.

Ao nascer, não somos autossuficientes. Ao contrário dos animais, precisamos que cuidem de nós por muito mais tempo. Necessitamos que nos mostrem o mundo das pessoas e o mundo das coisas.

> Se o nosso planeta fosse vítima de uma catástrofe que só poupasse as crianças [bem] pequenas e na qual perecesse toda a população adulta, isso não significaria o fim do gênero humano, mas a história seria inevitavelmente interrompida. Os tesouros da cultura continuariam a existir fisicamente, mas não existiria ninguém capaz de revelar às novas gerações o seu uso. As máquinas deixariam de funcionar, os livros ficariam sem leitores, as obras de arte perderiam a sua função estética. A história da humanidade teria de recomeçar. (Leontiev, 2004, p. 291)

Não nos desenvolvemos somente no corpo, no âmbito biológico. Somos candidatos à condição humana, mas mesmo ainda candidatos já fazemos parte do universo cultural dos homens. Pino (2005) explica que a inserção do bebê humano no mundo da cultura passa, necessariamente, pelo outro e pela significação do outro. Lembra, também, que Vigotski (2000) ensina que o caminho que leva a criança ao mundo da cultura e vice-versa passa, inevitavelmente, pelo outro – ou seja, pela linguagem e pela significação que o outro atribui à criança. O próprio corpo da criança vai sendo significado pelos adultos.

> Pino (2005, p. 65) afirma que o nascimento cultural, o segundo nascimento de cada um de nós, "é o processo pelo qual o grupo social trata de introduzir no circuito comunicativo, sensório-motor da criança, a *significação* do circuito comunicativo, semiótico, do adulto".

Mas o que o adulto significa? Ele significa cada gesto da criança, seu sorriso, seu choro, o movimento de seu corpo, os sons que emite, as palavras que diz, suas expressões faciais e corporais. Enfim, são os outros que dão sentido ao que as crianças fazem. São as pessoas que cuidam dela que nomeiam suas ações, aceitam, repudiam, dão atenção ou desconsideram, ajudam, fazem junto ou apenas observam.

Ao desenvolvimento cultural ou simbólico da criança, Vigotski (2001) chamou de desenvolvimento das funções psicológicas superiores. Superiores porque diferentes das elementares ou mais instintivas e porque se desenvolvem com base na *mediação semiótica*. A questão semiótica é central na obra de Vigotski. Esse pensador e educador ensina que as relações dos homens entre si e as relações entre os homens e a natureza se dão pelos instrumentos e pelos signos.

A inserção do bebê humano no mundo da cultura passa, obrigatoriamente, pela significação que as outras pessoas que convivem com ele dão aos objetos e às palavras que os acompanham. Quem convive com crianças pequenas observa que o adulto vai atribuindo significados e convertendo uma coisa em outra. Por exemplo: em nossa sociedade, muitas vezes, a colher com a comida vira *avião*. A atividade de sinalizar que é própria do homem é a *significação*, isto é, a criação e o uso de *signos*, explica Pino (2005).

Vygotski (1982) ressalta que, nos primeiros anos de vida da criança, o funcionamento psíquico caracteriza-se por um modo de organização mental em que o pensamento infantil não se estrutura desligado de situações reais ou objetos concretos. A partir de certo período desse desenvolvimento, o brincar permite uma passagem do pensamento perceptual imediato e concreto para formas de pensamento que não dependem tão somente do que é perceptível de imediato.

> [...] durante o jogo uns objetos passam a significar muito facilmente outros, os substituem, se convertem em signos seus. Sabe-se igualmente que o importante não é a semelhança entre o brinquedo e o objeto que

> ele significa. O que tem maior importância é sua utilização funcional, a possibilidade de realizar com ajuda dele o gesto representativo. Cremos que só nisso está a chave para a explicação de toda a função simbólica dos jogos infantis. Uma bola de trapos enrolada numa madeira se converte em um bebê durante o jogo, porque permitem fazer os mesmos gestos que representam a nutrição e o cuidado com as crianças pequenas. No próprio movimento da criança, seu próprio gesto é o que atribui a função de signo ao objeto correspondente, o que lhe confere sentido. (Vygotski, 1982, p. 187-88, tradução das autoras)

Nesse percurso, a criança, aos poucos, separa o significado do objeto, passando a ter, com este, uma relação simbólica de nível mais complexo. Esse processo inclui, ainda, um movimento por parte das crianças de subordinação às regras, de autodomínio, de exercício da vontade e de elaborações na esfera afetivo-volitiva, a fim de adequar-se espontaneamente à configuração posta pela brincadeira.

É importante ressaltar que, na perspectiva assumida por Vigotski, esses avanços no desenvolvimento não ocorrem de modo espontâneo, sendo resultado de sua relação com outros adultos e crianças e de sua inserção em práticas culturais estabilizadas no transcorrer da história de constituição de dada cultura.

Como atividade lúdica, a brincadeira não tem caráter produtivo, adquirindo um fim em si mesma. Leontiev (2004) esclarece que a brincadeira surge de uma necessidade que se coloca à criança de lidar com objetos e viver experiências que não lhe são possíveis, pelo menos por ora, como dirigir um carro ou cozinhar. A atividade imaginária, em que objetos, espaços e pessoas assumem sentidos diferentes daqueles que objetivamente possuem, surge como forma de resolver o conflito que se delineia entre o que a criança deseja e o que tem possibilidades de vivenciar.

No complexo funcionamento mental que se desenha durante a brincadeira, a *operação* que a criança executa com os objetos leva em conta suas características objetivas – embora substitua um cavalo, a forma de atuar com uma vara não considerará suas características enquanto tal; entretanto, o sentido que a *ação* tem para ela tem como referência a compreensão da vara como cavalo.

Nesse contexto, a atividade lúdica também tem papel importante na abordagem de conflitos pessoais, na construção do eu e no desenvolvimento das funções psíquicas superiores, como o pensamento, a linguagem e a imaginação. A brincadeira permite tratar dos medos e angústias das crianças na medida em que elas podem lidar com eles no plano imaginário; ampliar suas experiências e conhecimentos de si própria e do *outro* quando se envolvem no jogo de papéis; apropriar-se de experiências e conhecimentos de elementos da cultura quando brincam com brinquedos e brincadeiras tradicionais ou com brinquedos eletrônicos; construir valores com base em componentes que se ressaltam na significação atribuída pelo outro às suas ações e de outros no contexto da brincadeira; ampliar as possibilidades de funcionamento mental no momento em que a atividade lúdica imaginária assume um caráter cada vez mais descontextualizado ou quando a fala adquire centralidade na definição da própria composição imaginária.

Oliveira e Gebara (2010) discutem a construção do eu entre crianças analisando as interações estabelecidas entre um menino com Síndrome de Down e uma menina com desenvolvimento típico durante atividades lúdicas em uma brinquedoteca. Tomando como referência estudos de Lev S. Vigotski, Henri Wallon e Norbert Elias, os autores abordam os sentidos e os afetos que vão se constituindo sobre si e sobre o outro na relação entre as duas crianças, num contexto que tem como cenário as intrincadas relações entre o real e o imaginário que atravessam as brincadeiras desenvolvidas. Concluem eles que, nas relações estabelecidas entre as duas crianças durante as atividades lúdicas, mais do que um sentido único, o que se destaca é a multiplicidade de sentidos a respeito do eu e do outro, acompanhada de ressonâncias afetivas que podem ser variadas e até contraditórias.

Os postulados de Vigotski e colaboradores trazem contribuições valiosas para os estudos da criança e das práticas educativas. Entretanto, constata-se que, na atualidade, a interpretação, por parte de muitos educadores, das ideias defendidas por Vigotski e por outros autores que tratam do tema tem gerado uma visão puramente instrumental do brincar e do lúdico nas práticas pedagógicas na educação infantil: brinca-se para aprender alguma coisa e não propriamente pelo potencial lúdico, expressivo e estético da brincadeira; brinca-se para aprender porque não se pode "perder tempo" com atividades desprovidas de uma pretensa intencionalidade pedagógica. Quando não há essa intencionalidade marcante, as crianças ficam livres para brincadeiras cujo potencial para o desenvolvimento e a constituição de formas de sociabilidade e de subjetividade muitas vezes não é reconhecido pelos educadores.

Estudos sobre o lúdico e o brincar na educação infantil como os realizados por Agostinho (2003), Pereira (2008) e Vilela (2007) apontam, no que se refere às condições de emergência da brincadeira na educação infantil: a falta de espaços e tempos apropriados para a brincadeira; a escassez de jogos e brinquedos atrativos para as crianças nas unidades de educação infantil; a delimitação rígida de momentos de brincadeira e momentos para outras atividades educativas, bem como para brincar livremente e sob a direção de um adulto; o protagonismo das crianças que, mesmo sob condições pouco propícias, criam possibilidades de atividades lúdicas, reinventam brincadeiras, dão novos sentidos a espaços e objetos.

Lira (2009) também aponta o caráter instrumental dos jogos e brincadeiras, compreendendo-os como dispositivos que tendem a controlar e regular os sujeitos infantis e suas condutas no espaço educativo. A autora encontra na pedagogia que se configura com a modernidade – marcada fortemente pela psicologia que emerge como ciência –, na visão romântica de criança e nas proposições educativas de Froebel a respeito dos jogos e brincadeiras nos *jardins de infância* elementos para compreender esse caráter diretivo e instrumental do brincar na educação infantil. A pesquisadora (2009, p. 164) conclui seu relato de pesquisa indagando: "[...] brincar e jogar mais, de forma desinteressada, gostosa, divertida é uma ameaça? Por quê?"

Na continuidade dessa reflexão, destacam-se o lugar da brincadeira e do contexto social e histórico caracterizado pela valorização do que é *sério*, previsível e produtivo, aspectos que não se articulam com a atividade lúdica.

> Segundo Lira (2009), o caráter diretivo e instrumental do brincar também é ressaltado nos três volumes do Referencial Curricular Nacional para a Educação Infantil, de 1998. Embora em algumas passagens os textos se apresentem contraditórios no que se refere à possibilidade de monitoramento e controle da ação da criança e à necessidade de liberdade, os jogos e brincadeiras são abordados predominantemente como potencializadores da aprendizagem e como recursos de ensino.

Nos tópicos que abordamos, vimos que, apoiados em pressupostos da matriz histórico-cultural, pesquisadores da área educacional têm buscado enfocar as contribuições da brincadeira para o desenvolvimento na educação infantil. A interpretação das proposições de Vigotski e de outros autores que tratam do tema tem configurado, em parte desses estudos, uma visão essencialmente instrumental do brincar e do lúdico na educação infantil. Na perspectiva do trabalho pedagógico, o lúdico e a brincadeira têm se colocado como recurso, como instrumento para atingir determinado fim, o que nos leva a indagar sobre possíveis especificidades de sua abordagem na área educacional, bem como sobre o papel do professor da educação infantil nesse contexto.

Estudos desenvolvidos por Agostinho (2003), Pereira (2008) e Vilela (2007) indicam que, de modo geral, há, por parte dos profissionais da educação infantil, um discurso que aponta o reconhecimento da importância da brincadeira nessa etapa. Quando indagados, os profissionais mencionam a relevância da brincadeira para a criança, relatam suas experiências lúdicas na infância, apontam a falta de brinquedos e ambientes adequados para o brincar. Porém, esse discurso contrasta com as ações efetivadas no cotidiano do trabalho educativo, as quais apontam a ausência de *espaços* e *tempos* para a brincadeira na educação infantil e para a desvalorização dessa atividade inclusive nessa etapa da educação básica.

Diante disso, no próximo item, discutiremos a prática pedagógica na educação infantil tendo em vista a promoção de experiências para as crianças nas quais a brincadeira e o lúdico sejam o foco.

A brincadeira na educação infantil, a prática pedagógica e o professor

Muitos estudos que tratam da brincadeira infantil ressaltam a importância de espaços apropriados de interações qualificadas e do papel mediador dos adultos na relação das crianças com os jogos e brincadeiras. Entretanto, analisando a relação entre o espaço físico, os brinquedos e a atuação da professora na educação infantil, Sitta (2008, p. 115) conclui: "[...] não basta a escola ter espaços físicos amplos e de qualidade se a professora não os utiliza como mediadores, organizando-os de maneira que as crianças possam explorá-los ao máximo em suas brincadeiras". O papel do adulto é fundamental para promover interações qualificadas entre as crianças nas situações de brincadeira e das crianças com os espaços e materiais lúdicos.

Chamando a atenção para o papel da brincadeira no desenvolvimento infantil e defendendo uma prática educativa na infância que tenha como centro a brincadeira, Pereira (2008, p. 122) discorre sobre o papel do professor e comenta que

> a professora é importante para ensinar, propor, incentivar, auxiliar nas brincadeiras, mas também é importante para ajudar as crianças a se relacionarem umas com as outras. Não se trata apenas de ensinar a brincar com esse ou aquele brinquedo, mas sim de ensinar a brincar com outras crianças e de aprender a se relacionar com outras pessoas.

Nessa passagem, Pereira aponta os rumos da intervenção pedagógica quando o foco é a brincadeira. Certamente, o que orientará a ação do professor são os objetivos subjacentes à atividade proposta. Porém, o autor mostra-nos parte do potencial da brincadeira ao chamar a atenção para a dimensão relacional e para as possibilidades de apropriação de elementos da cultura enquanto a criança brinca.

Ao discorrer sobre concepções e práticas lúdicas produzidas por profissionais da educação infantil, Cotonhoto (2001), Afonso (2006) e Iza (2008) são unânimes em destacar a necessidade de ampliar a abordagem da brincadeira nas práticas educativas nos cursos de formação inicial e continuada dos professores.

Tratando do papel do professor na ampliação e no enriquecimento da brincadeira da criança, Afonso (2006) defende que o professor deve ir além de um mero espectador, criando espaços para a brincadeira, disponibilizando materiais, questionando as crianças sobre o que fazem e como fazem, sugerindo formas de enriquecer a brincadeira e brincando com os pequenos. Ressalta, ainda, que esse professor precisa ter sensibilidade para perceber quando deve se envolver nas brincadeiras e quando deve apenas acompanhar o desenrolar do jogo infantil.

Essa sensibilidade se delineia na medida em que o professor: aprofunda os estudos sobre o tema; observa mais atentamente as crianças, identificando seus desejos, necessidades e angústias; tem clareza dos objetivos a serem atingidos no trabalho educativo; planeja as atividades a serem realizadas com as crianças e avalia o desenvolvimento de sua prática. A intervenção pedagógica durante a brincadeira também implica reflexão e planejamento, mesmo naqueles momentos em que o professor opta por não intervir.

Entretanto, conforme relatam os estudos sobre o tema, a prática dos profissionais não indica uma compreensão total dessa asserção. Eles dizem que a brincadeira é importante para o desenvolvimento, afirmam ser essencial oferecer atividades prazerosas para que as crianças *queiram ir para a escola* e estabelecem uma relação entre a brincadeira e a afetividade, mas esses enunciados não se materializam em práticas consonantes com eles.

Na discussão sobre o trabalho docente, é fundamental levar em conta a valorização profissional e a formação docente. Para Vieira (2011, p. 254), jornadas de trabalho maiores que as de outras etapas da educação básica, salários mais baixos, condições de trabalho precárias e menor nível de formação compõem a vida de profissionais da educação infantil, que concentra, ainda, "[...] os professores mais jovens, mulheres, não brancas, com menor escolaridade e que recebem os menores salários".

Na medida em que os estudos aprofundam o conhecimento das concepções dos profissionais, percebe-se uma compreensão restrita da brincadeira no que se refere tanto à sua emergência na atividade da criança como à sua amplitude e a seus modos de configuração: o que pode ser considerado brincadeira, como a criança aprende a brincar e que conhecimentos, valores e habilidades estão em jogo na estruturação de uma brincadeira são aspectos pouco conhecidos por muitos profissionais.

Interessada em compreender as relações que os professores da pré-escola de unidades de educação infantil públicas estabelecem entre aprendizagem, recursos pedagógicos e brincar e as condições de formação profissional para refletir sobre essas relações e desenvolver uma prática educativa alicerçada nessas reflexões, Cotonhoto (2001) entrevistou educadores que atuam nesse segmento. Seu estudo permitiu constatar que, para as professoras entrevistadas, brincar como possibilidade de levar a novas aprendizagens estaria associado às suas contribuições para a socialização da criança, a alfabetização e o desenvolvimento motor e afetivo. Entretanto, os dados das entrevistas indicam também que, de modo geral, as professoras não têm clareza de como o brincar contribui para o desenvolvimento da criança, o que se expressa na forma desarticulada que esse aspecto adquire no planejamento do trabalho pedagógico. Os resultados da análise apontam, ainda, que os sujeitos identificam como instrumentos para atuar com o brincar na educação infantil a sua *formação pessoal*, o magistério em nível de ensino médio e as experiências em sala de aula, mesmo tendo cursado o ensino superior.[1]

Considerando que, para propiciar condições para o enriquecimento da brincadeira, o professor necessita *gostar de brincar*, Afonso (2006, p. 47) interessa-se em compreender como esse profissional percebe sua infância e a criança que foi no passado. Ressalta que, de certa forma, "[...] esse profissional deve reapropriar-se de sua história para entender a criança que foi e, a partir daí, [...] saber que tipo de criança ele gostaria de formar". A autora constata que a história de vida pessoal e profissional das professoras interfere na constituição de suas concepções sobre o lúdico.

Embora todos os sujeitos de sua pesquisa apontem o papel fundamental da brincadeira no desenvolvimento infantil, ao discorrerem sobre suas práticas, indicam formas diferenciadas de conceber as atividades lúdicas: em alguns casos, a brincadeira é vista como uma atividade marginal, utilizada apenas como diversão ou recurso para *preencher o tempo*; em outros, é vista como instrumento que permite ampliar as formas de interação e de aprendizagem por parte da criança.

Muitos estudos sobre o brincar na educação infantil ressaltam a necessidade de inserir, nos cursos de formação inicial, discussões consistentes a respeito da brincadeira. O objetivo seria refletir sobre a tendência a uma abordagem mais pragmática das possibilidades da brincadeira nesse espaço: é importante rever concepções e práticas sobre a brincadeira e, nesse processo, construir outros modos de fazer pedagógico na educação infantil.

Prado (1998) contribui para essa discussão ao problematizar a dimensão lúdica do próprio trabalho do professor. Discorrendo sobre a participação dos profissionais de uma unidade de educação infantil em atividades festivas, a autora relata a empolgação, o riso e a expressão de contentamento das professoras na preparação de

1. Cotonhoto aponta que, embora seis das oito professoras entrevistadas tivessem graduação em Pedagogia, a maioria não indicou contribuições significativas do curso para subsidiar sua prática educativa no que se refere ao brincar.

fantasias e nos ensaios para a apresentação de danças, cantos, gestos e movimentos.

Adultos e crianças se divertem na preparação das festas e durante sua realização, o que indica, para Prado, a configuração de uma dimensão lúdica no próprio trabalho do professor; não a única expressão dessa dimensão, mas uma de suas possibilidades. Sugere a autora (1998, p. 112) que

> [...] a brincadeira, o divertimento e as diversas expressões lúdicas não podem ser consideradas somente dimensões infantis, mas sim dimensões humanas que, nas sociedades burguesas, são ainda mais restritas aos adultos, permitidas a eles somente no carnaval ou nos dias de festa, assim como na creche, por exemplo.

A restrição das experiências lúdicas aos adultos também é destacada por Agostinho (2003, p. 90), que aponta na racionalidade capitalista – a imposição do uso pragmático, objetivo e produtivo do tempo – um dos elementos para explicar essas restrições e o distanciamento dos adultos das brincadeiras na educação infantil: a "[...] racionalidade capitalista rouba o lúdico do adulto, já que este precisa viver no tempo da produção" – diferentemente da criança, que, em tese, ainda não está preparada para o ingresso nesse sistema.

> Estudos sugerem que, de modo geral, as concepções dos profissionais a respeito do lúdico e as práticas que delas decorrem são perpassadas por um conhecimento superficial a respeito da criança, do brincar e de seu papel na relação entre ambos. Os conhecimentos adquiridos nos cursos de formação inicial não têm propiciado a esse profissional os elementos necessários para desenvolver uma prática educativa que valorize o brincar na educação infantil. Pesquisas ressaltam também a necessidade de uma reflexão mais aprofundada sobre o lugar e, mais que isso, as possibilidades de configuração do lúdico no trabalho docente, considerando a racionalidade capitalista que perpassa a organização desse trabalho.

RELEMBRANDO

Agora, retomaremos alguns aspectos que consideramos fundamentais na discussão sobre o brincar na constituição cultural da criança pequena em espaços coletivos:

Em primeiro lugar, a educação infantil pode trazer contribuições importantes para o desenvolvimento infantil se possibilitar às crianças experiências amplas e diversificadas, que lhes permitam interagir com outras crianças e adultos, ser cuidadas e atendidas em suas necessidades, bem como manter aproximações com o patrimônio cultural, artístico, científico, tecnológico e ambiental, por meio de situações planejadas e mediadas pelos professores.

A mediação do adulto nesse percurso é essencial porque, embora ao nascer as crianças já tenham uma condição biológica que lhes permite a inserção no meio humano, necessitam de cuidados para sobreviver e de investimento dos adultos que possibilitem seu *nascimento cultural* por meio de sua inserção e atuação no plano simbólico. Assim, na educação infantil, as possibilidades de desenvolvimento e aprendizado das crianças têm estreita relação com a riqueza das experiências que lhes são proporcionadas pelos professores.

Na prática pedagógica nessa etapa, ganham destaque os investimentos feitos na atividade lúdica de modo geral e nas brincadeiras com e entre as crianças. Na infância, a brincadeira assume papel fundamental na relação da criança com o mundo, interferindo substancialmente em suas possibilidades de desenvolvimento e aprendizado.

Assim, é importante que o professor não apenas promova as condições para a emergência da brincadeira entre as crianças como observe, acompanhe e avalie as relações que se estabelecem entre elas nessas atividades lúdicas, os temas mais recorrentes nessas brincadeiras, a maneira como cada criança brinca e o que esses elementos permitem aferir sobre a maneira como elas elaboram o mundo e a si próprias.

Nesse processo, é importante, também, que o professor identifique os momentos nos quais deve intervir e participar das brincadeiras, orientando, conduzindo ou simplesmente aderindo às propostas das crianças. Fundamental, ainda, é que o docente se prepare para esse envolvimento na brincadeira da criança. Intervir na brincadeira das crianças em espaços coletivos e brincar com elas é algo que demanda investimento, reflexão e aprendizado por parte dos professores.

SUGESTÃO DE ATIVIDADES

A Algumas esferas do simbólico são especificamente desenvolvidas na escola e organizadas pelas professoras intencionalmente. É importante desenvolver a capacidade de significar o mundo porque dar sentido às coisas, às ações e às palavras é entrar no mundo cultural, portanto, simbólico. No entanto, nem sempre conseguimos avaliar como nossos alunos estão avançando no desenvolvimento das funções superiores ou culturais. Em reunião de estudo, relatem situações que possam fornecer indícios de como o brincar tem sido concebido pelos profissionais que atuam com as crianças e que elementos teóricos poderiam ser destacados para os próximos estudos da equipe da escola.

B Para intervir nas atividades lúdicas e se envolver nas brincadeiras das crianças, é necessário que o professor se prepare. Sugerimos que os docentes tragam à reunião de estudos brinquedos de sua infância e discutam, em pequenos grupos, sobre os sentidos que aqueles brinquedos têm para eles e as lembranças das brincadeiras da infância. Em seguida, o grupo escolhe uma ou mais brincadeiras e todos brincam. Para finalizar, no grande grupo, discutam a experiência, enfocando sobretudo as sensações e emoções vividas na infância enquanto brincavam e atualmente, quando se envolvem em brincadeiras com as crianças.

C A criança muito pequena ainda não fala e só começa a falar porque há quem fale com ela. O mesmo ocorre com todas as funções psicológicas superiores ou culturais. Quem brinca com a criança pequena é o adulto porque ela ainda não sabe brincar. Nas reuniões de estudo, discutam, à luz do que leram aqui e nos outros capítulos deste livro, que condições objetivas a educação infantil pode oferecer para que as crianças se desenvolvam como seres culturais e simbólicos.

D Imaginem que um novo professor ou professora comece a atuar na unidade de educação infantil onde você trabalha e, ao observar como, nessa instituição, se brinca com as crianças, pergunte: "Por que vocês brincam assim?" Descrevam o que o(a) professor(a) observou e discutam o que explicariam a ele(a).

E Sugestão de vídeo para reflexões em reunião de estudos: *Coleção Grandes Educadores* – Henri Wallon, com apresentação de Izabel Galvão (São Paulo: ATTA Mídia e Educação, s/d).

Referências bibliográficas

AFONSO, R. C. *O professor e o lúdico na educação infantil.* Dissertação (Mestrado em Psicologia), Programa de Pós-Graduação em Psicologia, Universidade Estadual Paulista Júlio de Mesquita Filho, Assis (SP), 2006.

AGOSTINHO, K. A. *O espaço da creche: que lugar é esse?* Dissertação (Mestrado em Educação), Universidade Federal de Santa Catarina, Florianópolis (SC), 2003.

AMÉRICO, M. C. "Os sentidos das inclusões social e escolar para os quilombolas". In: PADILHA, A. M. L.; OLIVEIRA, I. M. *Educação para todos: as muitas faces da inclusão escolar.* Campinas: Papirus, 2013.

BRASIL. Portal Brasil. "A primeira fase da educação infantil é um direito das crianças de 0 a 3 anos". 3 abr. 2012. Disponível em: <http://www.brasil.gov.br/educacao/2012/04/creche>. Acesso em 6 set. 2013. COMÊNIO. *Didática magna.* São Paulo: Martins Fontes, 1997.

COMÊNIO, J. A. *Didática magna.* São Paulo: Martins Fontes, 1997.

COTONHOTO, L. A. *Concepções de professores de pré-escola sobre o brincar: elaborações de um conceito.* Dissertação (Mestrado em Psicologia), Programa de Pós-Graduação em Psicologia, Pontifícia Universidade Católica de Campinas, Campinas (SP), 2001

IZA, D. F. V. *As concepções de corpo e movimento de professoras nas práticas educativas: significado e sentido de atividades de brincadeiras na educação infantil.* Tese (Doutorado em Educação), Programa de Pós-Graduação em Educação, Universidade Federal de São Carlos, São Carlos (SP), 2008.

Kuhlmann Jr., M. *Infância e educação infantil: uma abordagem histórica*. 6. ed. Porto Alegre: Mediação, 2011.

Leontiev, A. N. *O desenvolvimento do psiquismo*. São Paulo: Centauro, 2004.

Lira, A. C. M. *Problematizando o uso dos jogos e das brincadeiras na educação das crianças de 0 a 6 anos: uma análise de propostas exemplares*. Tese (Doutorado em Educação), Programa de Pós-Graduação em Educação, Universidade de São Paulo, São Paulo (SP), 2009.

Maranhão, D. G. *O cuidado como elo entre a saúde e a educação: um estudo de caso no berçário de uma creche*. Dissertação (Mestrado em Enfermagem) – Universidade Federal de São Paulo. Programa de Pós-Graduação em Enfermagem, São Paulo (SP), 1998.

Oliveira, I. M.; Gebara, A. "Interação, afeto e construção de sentidos entre crianças na brinquedoteca". *Educação e Pesquisa*, v. 36, n. 1, jan.-abr. 2010, p. 373-87.

Oliveira, Z. de M. R. (org.). *Educação infantil: muitos olhares*. São Paulo: Cortez, 1995.

Pereira, R. S. *O lúdico e a constituição de sujeitos no cotidiano de uma escola de educação infantil*. Dissertação (Mestrado em Educação), Programa de Pós-Graduação em Educação, Universidade Federal de Uberlândia, Uberlândia (MG), 2008.

Pino, A. *As marcas do humano: as origens da constituição cultural da criança na perspectiva de Lev S. Vigotski*. São Paulo: Cortez, 2005.

Prado, P. D. *Educação e cultura infantil em creche: um estudo sobre as brincadeiras de crianças pequenininhas em um Cemei de Campinas/SP*. Dissertação (Mestrado em Educação), Programa de Pós-Graduação em Educação, Universidade Estadual de Campinas, Campinas (SP), 1998.

Sitta, K. F. *As possibilidades de mediação dos espaços nas brincadeiras e aprendizagens das crianças na educação infantil*. Dissertação (Mestrado em Educação), Programa de Pós-Graduação em Educação, Universidade Federal de São Carlos, São Carlos (SP), 2008.

Vilela, M. C. S. *O brincar na educação infantil*. Dissertação (Mestrado em Educação), Programa de Pós-Graduação em Educação, Universidade Federal de Mato Grosso, Cuiabá (MT), 2007.

Vieira, L. M. F. "Obrigatoriedade escolar na educação infantil". *Retratos da Escola*, Brasília, v. 5, n. 9, jul./dez. 2011, p. 245-62.

Vigotski, L. S. "Manuscrito de 1929". *Educação & Sociedade*, Campinas, v. 71, 2000, p. 21-44.

Vigotski, L. S. *A construção do pensamento e da linguagem*. São Paulo: Martins Fontes, 2001.

Vygostki, L. S. *Obras escogidas II*. Madri: Visor, 1982.

Vitta, F. C. F. *Cuidado e educação nas atividades do berçário e suas implicações na atuação profissional para o desenvolvimento e inclusão da criança de 0 a 18 meses*. Tese (Doutorado em Educação), Universidade Federal de São Carlos, Programa de Pós-Graduação em Educação Especial, São Carlos (SP), 2004.

2

A infância e o brincar

Clícia Assumpção Martarello de Conti

Introdução

O objetivo deste texto é conclamar os responsáveis pela formação do ser humano (pais e educadores, entre outros) para o risco da desconstrução do conceito de infância na contemporaneidade e para a necessidade de sua ressignificação.

Quem convive com crianças talvez não saiba que elas não ocupam desde sempre a mesma representação social que hoje permeia tanto as suas relações bipessoais com os adultos quanto os projetos e as políticas educacionais que se disponibilizam para elas.

O modo como nos situamos hoje diante da criança depende de atributos pessoais e da capacidade de empatia de cada indivíduo com os aspectos infantis do desenvolvimento, mas nada disso ocorre no vácuo de uma história humana. Como indivíduos, somos formados pelas redes de significações e sentidos que uma coletividade constrói e adota para enxergar e compreender os fenômenos, tal qual Vygotski (1995a) nos explicita e cujo pressuposto alinhava todos os capítulos desta coletânea.

Este capítulo propõe:

- Abordar a infância como um signo construído socialmente.
- Analisar a infância na contemporaneidade.
- Anunciar a visão psicanalítica winnicottiana sobre a experiência psíquica do brincar, situando-a no cerne da vivência infantil, como elemento teórico para o resgate e a ressignificação do conceito de infância hoje.

Para Vigotski, todo signo tem uma função instrumental. Diferentes instrumentos de trabalho operam diferentes mudanças nos objetos do mundo físico. O signo, por sua vez, age como se fosse um instrumento da atividade psicológica, de maneira semelhante ao papel de um instrumento no trabalho. Sendo os signos instrumentos das atividades humanas, podemos considerar também que diferentes modos de significar a infância resultarão em práticas sociais diversas pelas quais as crianças serão constituídas.

Partindo desse pressuposto, cada sociedade ordenada por sua cultura oferece historicamente diferentes modos de compreender a criança e de conceber a infância. Em consequência, as diferentes práticas sociais terão notadamente papel de destaque na constituição das vidas humanas, de acordo com as significações atribuídas em cada relação.

Assim, as pessoas que os bebês se tornam têm imediata relação com a maneira como são aceitos, acolhidos, pensados, cuidados, sonhados, nomeados, educados e tratados. Se nos interessa explorar teoricamente a infância e o brincar, devemos enxergar de que modo a infância também é concebida no seio de uma cultura.

Nada disso ocorre alheio às tensões existentes entre as necessidades emocionais do bebê e da criança pequena nas suas relações com o outro. Conforme propus em reflexão anterior (Conti, 2010), tento trazer, pela dialogia de Bakhtin (2003), distintas abordagens que partem de diferentes pressupostos teóricos, disponibilizando-as para um diálogo – como se, numa mesa-redonda, diferentes autores debatessem esse tema comum.

A intenção não é equiparar as teorias, mas aproximá-las a fim de que, pela tensão gerada nessa dinâmica, o pensamento seja posto em movimento e os profissionais interessados façam novas indagações sobre o tema.

Preservando os pressupostos das diferentes disciplinas, parece-nos que a transdisciplinaridade deve ganhar espaço no pensamento científico sobre a infância, muito mais do que as guerras teóricas que lamentavelmente mascaram disputas de mercado.

Assim, entendo que pela psicanálise de Winnicott certas necessidades emocionais são postas em evidência. Por sua vez, por meio da abordagem histórico-cultural de Vigotski, nomeia-se o valor irrefutável das instâncias sociais constitutivas da subjetividade.

Compreendo que esses pressupostos teóricos, embora substancialmente distintos, mostram que a criança não pode ser entendida apenas tomando-se por base sua natureza biológica, e sim claramente situada nos seus contextos relacionais.

Pela perspectiva psicanalítica aqui adotada, não nos basta saber sobre a criança e sua natureza, mas como ela "vivencia e reúne experiências de acordo com a posição, no tempo e no espaço em que veio ao mundo" (Winnicott, 2002, p. 81). Só assim saberemos como sua condição humana se constrói e se reconstrói num contínuo.

É dessa maneira que o presente texto tentará abordar a infância e o brincar.

Começarei, com uma brevíssima panorâmica, apontando a construção do sentido da infância na história, e prosseguirei anunciando os contextos específicos em que as necessidades emocionais do ser humano se destacam de acordo com a psicanálise de Winnicott (1975a e b), circunscrevendo assim o seu processo constitutivo singular de relação com o outro.

Para tanto, falarei de uma visão sobre o existir humano, de modo que o atendimento às necessidades emocionais dos primeiros anos de vida seja compreendido como fundante da identidade, da capacidade de brincar e da simbolização, da experiência cultural e do viver criativo. O objetivo é fazer que os educadores pensem na preservação da infância no homem, ao que corresponderia diretamente a preservação do brincar como vivência que é, a um só tempo, de afirmação do ser (na sua subjetividade) e de experimentação do mundo (na sua objetividade).

O brincar, como atividade privilegiada da criança, será explorado, portanto, do ponto de vista psicanalítico. Não da perspectiva das brincadeiras e jogos propriamente, mas da experiência psíquica de sua relação com o outro e com o mundo, seja nos jogos, nas brincadeiras, nas cantigas, nas histórias, etc.

As questões que fundamentam este artigo são: em que medida a construção histórica da infância como signo e os desdobramentos científicos que surgem a partir daí evidenciam as necessidades emocionais do ser humano no início da vida? Até que ponto essas necessidades identificadas pela ciência têm conseguido elevar ao estatuto de direito certas condições ambientais e sociais indispensáveis ao atendimento de bebês e crianças?

A infância como uma construção social

Philippe Ariès (1981), importante medievalista francês, ocupou-se intensamente da história social da criança. Ele observa que, na Idade Média, estavam presentes, por parte dos adultos, o afeto e os cuidados dedicados às crianças, mas conclui que isso, por si só, não significava a existência de uma consciência sobre as especificidades do período inicial da vida.

A criança, ao nascer, era tomada como um ser frágil que precisava de uma mãe ou de uma ama que lhe dedicasse atenção constante. Pelos recursos sociais restritos de cuidados com a saúde naquele momento histórico, sua sobrevivência era sempre muito incerta. Uma vez garantida essa sobrevivência, a criança já passava a viver sem a disponibilidade constante de sua mãe, entrando rapidamente no mundo dos adultos. Tornava-se, dessa forma, como que uma adulta inábil, com vistas a adquirir, aos poucos, as habilidades dos adultos com quem convivia, até que aprendesse a fazer coisas e a desempenhar funções tal qual eles desempenhavam. Analisando registros artísticos e iconográficos da época, Ariès conclui que não havia, pois, na Idade Média, um lugar para a infância.

> Nesse período, na arte dos miniaturistas, por exemplo, as crianças eram representadas exatamente como os adultos, mas em tamanho menor, sem guardar nenhuma característica do corpo e das expressões infantis. Na pintura, acontecia o mesmo, confirmando a ideia de que, naquela sociedade, as peculiaridades da infância eram desconhecidas.

Tais evidências registradas pela arte levam o autor a considerar que, por meio dessa esfera da estética, estaria espelhada certa concepção sobre a vida real. A concepção vigente indicava que a infância medieval era apenas um período a ser ultrapassado até que as crianças penetrassem no mundo dos adultos. Enquanto isso não ocorresse, o contato estreito com a mãe ou ama, até os 7 anos aproximadamente, supriria as necessidades de sobrevivência da criança; em seguida, ela ingressaria com sua precariedade no mundo dos adultos, para aprender com eles suas habilidades e comportamentos.

Lentamente, observa o autor, um novo sentimento ligado à infância passa a surgir nos registros da época, graças aos encantos naturais que a criança exerce sobre os adultos. Sua ingenuidade e sua graça específica passam a ser alvo e fonte de certo entretenimento. Assim, a capacidade de, por meio de gracejos espontâneos, fazer relaxar os adultos começa a abrir um novo lugar para que a infância seja reconhecida e representada socialmente com alguma especificidade. Segundo Ariès (1981, p. 100), tais sentimentos ternos começam a ser expressos na literatura da época, indicando a existência de um sentimento de "paparicação" em relação à infância.

Esse mesmo sentimento, contudo, também passou a ser expresso em sentido contrário por aqueles que não suportavam a atenção dispensada às crianças pequenas. De qualquer forma, a infância foi colocada num novo lugar histórico, em que a criança deixava de ser um "miniadulto" para ser reconhecida por meio de algo que a caracterizava: sua graça, a delicadeza de sua forma física, sua ingenuidade. Alguns aspectos que pertenciam à infância foram delineando a percepção de um período da vida a ser reconhecido e legitimado como específico na vida humana.

Ariès considera, assim, que a descoberta da infância com um sentido próprio começou no século XII e, pouco a pouco, sua importância foi-se acentuando, sobretudo a partir do século XVI e durante o XVII. Nesse período, outro sentimento aparece. Admite-se que a criança, não estando madura para a vida adulta, deveria submeter-se a um regime especial. Esse momento marca a origem do sentimento moderno de família, cuja função é preparar a criança para a vida – função essa que vai sendo assegurada pela escola, como instrumento de disciplina protegida pela justiça e pela política.

Nos séculos XVIII e XIX, a criança passa a ser privada da liberdade que gozava do convívio com a sociedade dos adultos. A família moderna e a escola retiram-na do convívio informal e inserem-na em regimes disciplinares cada vez mais rigorosos, que deram origem aos internatos. Dessa forma, a criança sai da vida comum com os adultos e as preocupações destes com elas modificam-se

Uma noção importante fundamenta a transformação do significado da infância e as decorrentes práticas sociais que a organiza: a de que a criança e o seu jeito de ser trazem um verdadeiro incômodo à racionalidade. Nada expressa tão bem a mola propulsora do pensamento sobre a infância, nesse período histórico, do que a frase dita em um tratado sobre a educação datado de 1646. Nele, um jesuíta afirma que só o tempo poderia "curar o homem da infância e da juventude, idades da imperfeição sob todos os aspectos" (*apud* Ariès, 1981, p. 104).

Preocupados com os bons costumes, os eclesiásticos e os homens da lei se recusavam a aceitar as criancinhas como seres graciosos e encantadores. Enxergavam-nas como seres que precisariam ser controlados e preservados por meio da disciplina. No seio das famílias, de onde partira o sentimento de "paparicação" das crianças, passa-se a disciplinar tudo que viesse delas, a fim de educá-las para a racionalidade.

Partindo da preciosa obra de Ariès, reflito sobre a perspectiva de que, aos três momentos classificados por seu levantamento histórico da descoberta da infância, corresponderiam três mecanismos psíquicos igualmente distintos.

Num primeiro momento da Idade Média, a criança crescia como extensão de sua ama ou de sua mãe e depois ingressava *despreparada* no mundo dos adultos, sem ser reconhecida por suas características ou habilidades. Crianças e adultos conviviam livremente, e a criança despregava-se de sua referência, tendo de aguardar o tempo em que suas habilidades conferissem a ela o status de um adulto acabado.

Nessa fase, há uma espécie de negação das necessidades infantis. Não que elas não fossem atendidas, mas não podiam ser representadas pelos adultos, que só as atenderiam por meio da intuição ou da sorte. A atenção às crianças era ditada muito mais por suas necessidades físicas do que pela compreensão de um mundo psíquico e um crescimento emocional que se constrói nas relações com o ambiente. A infância não se configurava como um conceito que aponta para necessidades emocionais específicas, tampouco estas apontavam para a garantia de direitos da criança.

Num segundo momento, emerge do interior das famílias e dos cuidadores diretos das crianças o enternecimento por seus encantos e o começo da diferenciação entre o mundo infantil e o mundo adulto. Havia aí certa idealização, como se, no mundo infantil, cada qual pudesse reviver a espontaneidade perdida no processo de construção da adaptabilidade adulta, que tende à racionalidade plena.

> Como um caminho virtuoso à racionalidade, que diferenciaria o homem do animal e de Deus, nesse momento, o sentimento de "paparicação" da infância mostra até que ponto o adulto se ressente de renunciar à ingenuidade infantil agraciada por muitos. É como se ele vivesse, no contato com a criança, a nostalgia de sua infância perdida, trazendo um grande peso emocional ao contexto. A criança encanta porque ela é o que o homem racional não pode ser e faz o que o homem racional não pode fazer.

Assim, com a finalidade de sepultar a ingenuidade, encerrando com isso a *idade da imperfeição*, surge, finalmente, um terceiro momento da infância: aquele em que o homem deve ser preparado para a vida. Tal preparo se daria pela via da norma, pela disciplina rígida, pela tentativa de controlar o que houvesse de abominável em sua natureza. A negação da infância, que deu lugar à sua idealização, cede vez à repressão dos aspectos infantis no homem e na própria criança. A necessidade do preparo para a vida assume totalmente o caráter da educação para a racionalidade, quase como se ambos fossem sinônimos. Cresce nesse contexto a escolarização em grande parte do mundo, e a criança, se já for capaz de dispensar a solicitude maciça de um adulto, é levada de forma consciente ou inconsciente ao aprendizado progressivo de controle dos aspectos de sua natureza anímica, por meio de práticas sociais e educativas.

Entretanto, nos últimos tempos, um fato importante surge, levando a infância a enfrentar mais uma profunda mudança. Nos centros urbanos, a necessidade crescente da sociedade industrial captura a mulher, ingressando-a no mercado de trabalho e reconfigurando com isso a família e as relações sociais.

A necessidade de transformar a criança em um ser racional agrega-se à ausência da mulher no lar, fazendo que a infância seja mais uma vez deslocada no plano das significações e das ações sociais que sobre ela incidem. O pai, quando presente, participa dos cuidados iniciais, por vezes assumindo papéis que podem combinar funções maternas e paternas assumidas por ambos os progenitores.

De todo modo, com suas presenças ou ausências, novas organizações familiares surgem no cenário de uma nova dinâmica social, sendo necessário que a sociedade reaja a isso com mudanças a fim de promover o desenvolvimento inicial do ser humano, o que antes vinha sendo feito no interior das famílias.

Prolifera-se a existência de berçários, creches e escolas de educação infantil em regime de período integral. Por vezes, bebês e crianças pequenas, antes de estar psiquicamente prontos para viver separações emocionais efetivas, ficam expostos a separações impostas, o que dificulta a geração de ligações mais estáveis, constantes e consistentes. Dificultada essa qualidade de relação com o outro, dificulta-se o estabelecimento da confiança básica no ambiente, esteio para todo o desenvolvimento emocional.

Educar para a vida é sinônimo de educar para a racionalidade, mas a criança ainda é dependente do adulto, estando sujeita ao que se faz com ela. O ingresso precoce nas instituições educacionais configura uma mudança cultural de largo alcance para a formação de bebês e crianças e obriga-nos a pensar nas práticas sociais disponíveis e na qualificação dos profissionais que se responsabilizam por elas.

A presente reflexão configura a premissa de que atender pronta e amplamente às necessidades emocionais das crianças e privilegiar a brincadeira nesse período podem abrir caminhos ao desenvolvimento do aprendiz. Falhas recorrentes dessa função compreensiva e da sustentação emocional oferecida à infância serão impeditivas ao crescimento integrado dos bebês e das crianças de nosso tempo.

Infância e contemporaneidade

Para nos situarmos hoje no contexto do surgimento da infância como período específico do desenvolvimento humano, elenco aqui alguns aspectos críticos da infância contemporânea, segundo posso observar, em contextos educacionais e clínicos com os quais trabalho. A intenção é avaliar, ao final dessa reflexão, que lugar o brincar ocupa na contemporaneidade, levando-se em conta as necessidades emocionais do ser humano.

O bebê e a criança se adaptam ao mundo, e não o contrário

No Brasil, as primeiras instituições a cuidar da criança pequena tinham caráter assistencialista e filantrópico, servindo para abrigar os desvalidos da sociedade. Nas décadas de 1960 e 1970, cresceu o número de creches desse tipo, mas começaram a surgir também as então chamadas pré-escolas, que tinham a preocupação de educar as crianças.

Em fins dos anos 1980 e início dos 1990, a educação infantil afirmou-se no Brasil como um fato social consistente e com uma legislação tentando abranger em parte sua especificidade (Muneratto, 2001). Tudo isso ocorreu em franca relação com o ingresso da mulher no mercado de trabalho. Os direitos da mulher, da família e da criança pequena vêm sendo discutidos desde então. No entanto, a educação infantil continua a ser tratada da ótica do preparo para a vida – o que eu estou ousando chamar de educação para a racionalidade, inspirada no estudo de Ariès.

Parece-me que resgatar essas marcas na origem da educação infantil e da formação das creches e berçários disponíveis hoje pode ser importante para avaliar a significação social da infância. Partindo do pressuposto de que a educação infantil não nasceu propriamente como um direito da criança, mas da mulher, as necessidades emocionais da infância demandam ainda visibilidade, discussão e iniciativas por parte dos responsáveis.

Em outras palavras, vemos nos centros urbanos, ainda hoje, escolas de educação infantil que, mesmo consideradas eficientes, surgiram primeiro para servir aos pais (porque podem ir trabalhar, tendo onde deixar seus filhos em segurança) e, secundariamente, às crianças. Creches e berçários estão inexoravelmente subordinados a uma organização social mais ampla, e isso tem consequências para aquilo que deveria ser sua meta principal. Colocar a criança no centro da preocupação dessa nova e mutante realidade é um dever ético para com a formação dos seres em seus importantes anos iniciais.

Defendo, portanto, a tese de que os bebês precocemente separados das mães, em vez da educação para a racionalidade, requerem outra ordem de atenção para desenvolver sua potencialidade humana. Trata-se de valorizarmos os anos iniciais como o período de vulnerabilidade máxima do ser humano às ações, intervenções e significações do outro sobre ele (Conti, 2010).

Já na origem, berçários, creches e escolas de educação infantil impõem aos bebês e às crianças muito pequenas que se adaptem a um momento histórico social, em que a mulher se ausenta para o trabalho sem que, muitas vezes, os pequenos estejam prontos para isso. Tampouco se oferece a essa parceria primária – mãe-filho – condições ambientais que possam dar sustentação emocional à vivência da separação.

Em nosso país, a legislação garante à mãe que trabalha apenas quatro meses de dedicação exclusiva ao filho. Além disso, ela raramente pode contar com uma creche em seu local de trabalho. Instituições desse tipo não garantiriam um desenvolvimento favorável, mas poderiam proporcionar um afastamento mais lento e gradual, fator de prevenção de riscos na formação pessoal das crianças.

Dentro da dialogia pretendida entre os principais autores que tomo para esta reflexão, dou agora voz a Vygotski (1995a e b; 1996), para pronunciar-se sobre o primeiro ano de vida do bebê. O intuito é derivar de suas assertivas a fundamentação de que, no início da vida, um ser humano precisa da disponibilidade física e psíquica do outro. Segundo o autor, no início da vida o bebê, comunica-se com a mãe por meio de matizes emocionais. A ausência de uma linguagem aprendida socialmente, em vez de torná-lo um ser associal, torna-o, ao contrário, um ser "maximamente social" (Vygotski, 1996 p. 285). A expressão "maximamente social" refere-se ao fato de que toda a vida do bebê é organizada para que outra pessoa se faça presente direta ou indiretamente.

> Tudo que a criança poderá fazer sozinha mais tarde, durante seu processo de adaptação individual, agora, por ter funções biológicas imaturas, deve ser executado somente pelo outro, somente em situação de colaboração. Portanto, o primeiro contato do bebê com a realidade (inclusive na realização de suas funções biológicas mais elementares) é socialmente mediado. (Vygotski, 1996, p. 285, tradução nossa)

O bebê "maximamente social" de Vigotski implica a noção de que mãe e bebê formam inicialmente um todo indiscriminado. Para o autor, antes da consciência de um eu há um "proto-nós", ou seja, uma experiência indiferenciada entre o bebê e sua mãe. Só mais tarde surgirá um eu separado e diferenciado entre o bebê e ela.

Na vigência desses estados, sabemos, pela experiência da clínica psicanalítica, quão nefasta pode ser uma adaptação precoce e forçada das crianças às exigências do mundo. Quanto menor é o ser humano, mais ele precisa que o mundo se adapte às suas necessidades, menos condições tem de adaptar-se às necessidades impostas e externas a si mesmo. Sua adaptabilidade forçada pode ocorrer, mas com alto preço emocional.

Independentemente da engrenagem social que pode negligenciar as necessidades emocionais de cada bebê ou criança pequena, assim como o papel fundante da mediação social desde o nascimento, evidenciar cientificamente esse campo de tensão é dar voz a um grito mudo da primeira infância que não pode ser silenciado.

Dentro de minha compreensão, as necessidades emocionais do ser humano e a mediação social que incide maximamente sobre elas no início da vida formam pauta para educadores, pais e terapeutas que dão vida às instâncias sociais constitutivas da subjetividade (família, escola, instituições de saúde, entre outras). Essa pauta diferenciaria uma educação para a racionalidade de uma educação para algo que ultrapassa e complexifica o seu alcance: o desenvolvimento da potencialidade humana em seus aspectos sensíveis e racionais.

A criança como alma do negócio

O novo formato da família, que impõe à criança a ausência dos pais trabalhadores em período integral, não raro provoca culpa – por vezes inconsciente – nestes. Suponho que, aqui, a descoberta da infância passe a servir a uma indústria que oferece às crianças uma quantidade infindável de brinquedos e materiais educativos, doces e guloseimas, livros e discos, aparelhos elétrico/eletrônicos, roupas e fantasias, enfeites e bugigangas e um universo de entretenimento de todos os preços.

No intuito de manifestar amor aos filhos e com o pretexto de educá-los da melhor forma possível, impressionantes esforços são feitos a fim de satisfazer os pequenos consumidores, sem a consciência de que isso estaria a serviço de aplacar sentimentos obscuros de dívidas afetivas em relação a eles.

Com enorme frequência, educadores de crianças pequenas deparam com dificuldades oriundas dos pais, observando como é difícil para estes impor limites aos filhos. A privação do bom contato com os pais vai sendo substituída por recompensas e promessas de aquisição de bens materiais representativos de uma ausência a ser suprida, de uma falta a ser sanada.

Inúmeros aspectos dessas delicadas relações podem estar presentes em situações como essas, mas parece pertinente considerar se oferecer aos filhos mimos intensamente disponibilizados pelo mercado não se presta a encobrir um vazio existente na relação existencial do par mãe-filho, pai-filho. Um vazio que jamais será preenchido por presentes – às vezes comprados com sacrifícios econômicos. Pode haver investimentos equivocados, em que o alimento psíquico do verdadeiro contato humano seja substituído por uma materialidade insistentemente oferecida.

Em contrapartida, a criança que vivencia tal situação anima-se momentaneamente com aquilo que sente ser o investimento dos pais nela. Sente-se valorizada, satisfeita e alegre. Considera-se amada até que aquele presente perde o sentido afetivo e ela cai mais uma vez no vazio. Necessita, a seguir, ser reafirmada, sem cessar, no amor dos pais, que, dessa forma, nunca saciam de fato a fome de um verdadeiro encontro humano.

Assim, a infância estaria servindo a interesses econômicos em nada ligados à expansão de uma compreensão sobre as autênticas necessidades da criança. Na participação do outro em sua constituição, vigoraria uma espécie de cegueira diante de suas demandas emocionais. O meio social participa de sua constituição de tal forma que o desenvolvimento da sua potencialidade humana e o seu crescimento integrado não se colocam como preocupações primárias.

A erotização precoce

A descoberta da infância trouxe também em seu bojo a demarcação da adolescência e da juventude como fases da vida que comportam características particulares. Verifica-se, na mídia contemporânea, o forte culto à juventude como período de esplendor da saúde, da beleza, do vigor e da liberdade. Soltos num labirinto existencial, idosos e crianças não participam desse esplendor, sendo enorme o número de pessoas que, sujeitas à necessidade de aprovação, adaptam-se artificialmente aos padrões juvenis tão aceitos e admirados, como se só assim pudessem obter legitimidade para existir com graça.

No que tange ao nosso tema, a infância se desinventa quando crianças expostas a diversos tipos de erotização, apoiadas pelos pais ou por seus grupos de pertencimento, transformam-se em crianças quando ainda bebês; em púberes quando ainda crianças; em adolescentes quando ainda púberes; em jovens quando não passam de adolescentes. E, de acordo com o desejo inconsciente de imortalidade, empenham-se em permanecer eternamente jovens, não envelhecendo jamais.

Nessa dinâmica, os ciclos da vida são negados, atropelados ou esfumaçados, borrando-se com isso o próprio crescimento verdadeiro, que supõe que a vida possa ser experimentada inteira por seres plenos. Segundo Winnicott (2005, p. 6), "é saudável ter 6 anos de idade quando se tem 6 anos, e 10 aos 10".

As pressões da erotização supõem que haja no adolescente uma segura afirmação do seu ser, como uma conquista bem anterior em seu desenvolvimento pessoal. A erotização precoce traz pressões indesejáveis às crianças e aos púberes – e, aqui, o argumento psicanalítico não passa absolutamente por questões morais, mas pela condição emocional que os indivíduos vivenciam.

Winnicott crê que os púberes contam com um eu ainda incipiente e em formação para lidar com a forte demanda dos impulsos instintivos eróticos da puberdade. Segundo o autor (2005, p. 8), nesse momento, eles ainda "precisam ser capazes de cavalgar os instintos, em vez de ser esmigalhados por eles".

Diz-se que vive com saúde aquele que experimenta uma existência com sentido, podendo simplesmente ser: "A partir do ser, vem o fazer, mas não pode haver o fazer antes do ser", para Winnicott (2005, p. 7).

Fazer antes de ser

Considerando que a infância e a sua escolarização foram norteadas para preparar as crianças para a vida e que a virtude da racionalidade foi tomada como central nesse processo, resta-nos ponderar sobre a realidade atual que vem emergindo desse panorama.

Na avaliação que me cabe, os inúmeros casos das chamadas *crianças que não aprendem*, ou de adolescentes e adultos bem-sucedidos que adoecem emocionalmente parecem denunciar falhas rotineiras de uma sociedade incapaz de lidar com suas contradições.

A realidade é bastante diversificada e, por vezes, penosa em relação ao direito da criança de ser criança. De um lado há, em nosso meio, ainda a exploração do trabalho infantil, embora isso seja proibido por lei. De outro, há famílias que preenchem a agenda dos filhos como se fossem verdadeiros executivos, para que saibam línguas, esportes, artes – ainda que essas crianças mostrem sinais claros, porém indiretos, de sobrecarga emocional por terem a vida dirigida o tempo todo pelos adultos.

É comum depararmos com famílias e escolas de educação infantil cuja preocupação é a de preparar as crianças para os vestibulares, o mercado de trabalho e os intercâmbios culturais internacionais desde a mais tenra idade.

Seja pela sobrevivência básica em meio à precariedade econômica, seja por projetos inconscientes dos pais direcionados ao êxito e à glória, as crianças podem ser levadas a uma existência na qual certas urgências impelem-nas a viver do sonho ou da necessidade do outro e não de si mesmas. São crianças que, geradas por meio de rigorosas expectativas em uma cultura do desempenho, incorporam uma realidade em que o fazer atropelou o ser. Por "fazer" entendemos a hiperestimulação ao desenvolvimento de funções e habilidades humanas em detrimento da necessidade emocional nuclear e essencial: sentir-se seguro e confiante apenas por existir.

Não se trata de questionar a importância do desenvolvimento das funções motoras ou intelectuais a serviço das artes, dos esportes e do conhecimento, mas de problematizar quando, como e por que essas exigências muitas vezes recaem sobre a criança, impedindo que ela seja enxergada, escutada ou percebida nos seus gestos mais genuínos e criativos para que, então, o ambiente se adapte a ela – e não o contrário. Trata-se de apurarmos um determinado olhar para o desenvolvimento das crianças, para que as funções se desenvolvam a fim de integrar o seu crescimento, e não de fragmentá-lo ou aniquilá-lo.

O risco do século XXI é o de levar as crianças a uma adaptabilidade forçada e precoce, antes que seus sonhos e necessidades sejam reconhecidos e construídos. É esse o terreno do massacre emocional da infância, o que culmina no empobrecimento da vida pessoal que nossa clínica psicanalítica cotidianamente vem revelando.

Tenho sugerido, desde o início deste capítulo, a importância de evidenciarmos as necessidades emocionais na infância para compreendermos seu significado na sociedade de hoje. Ao adotar a psicanálise de Winnicott como uma das referências teóricas para essa reflexão, hei de apontar agora que a necessidade emocional básica da existência humana é a de ser. Tal assertiva é só aparentemente simples, estando contida nela a ideia de que uma vida saudável contempla a existência de medos, alegrias, conflitos, desejos, frustrações, anseios, incertezas...

O que caracteriza o crescimento integrado do bebê, da criança, do adolescente e do adulto é que, em cada fase pode-se experimentar essa vasta aventura humana sem perder o sentido de que está vivendo a própria vida. Em outras palavras, em qualquer dessas circunstâncias, na alegria, na incerteza, no conflito, nos anseios ou sonhos, se a criança sente a vida como sua, ela estará sendo e obterá a condição fundamental para enfrentar as dificuldades inevitáveis do viver, rumo à criação de suas superações.

Ser e continuar sendo é a grande tarefa para o bebê que inicia sua jornada humana. E o sentido bem específico de ser aponta para a necessidade de ser a partir de si mesmo, e não da reação ao ambiente.

O termo "ambiente" não é utilizado aqui no sentido sociológico, antropológico ou no da psicologia comportamental. Na psicanálise, ambiente é a instância que tanto pode sustentar a vida emocional da criança como negligenciá-la ou invadi-la. Ao sustentá-la, confere legitimidade ao gesto espontâneo e criativo da criança desde o nascimento e instaura a confiança nas suas ligações com o mundo e consigo mesma, permitindo que o seu crescimento integrado prossiga. Ao invadi-la ou negligenciá-la faz o contrário. Essa falha ambiental recorrente pode resultar em diversas formas de reações como obstáculos ao desenvolvimento, afetando inclusive a incapacidade de brincar e de simbolizar.

Logo, ser a partir de si mesmo não supõe que o ambiente seja desimportante ou que se deixe a criança e o bebê a mercê de si mesmos. Ao contrário, caberá ao ambiente atenção e receptividade qualificadas para identificar, reconhecer e legitimar suas manifestações, comunicações e necessidades específicas, a fim de que eles experimentem a aventura de ser e continuar sendo.

Ser a partir de si mesmo supõe um ambiente responsivo, jamais invasivo ou negligente. Supõe que as comunicações verbais e não verbais dos bebês e crianças sejam apreendidas por um adulto disponível que sensivelmente possa atendê-las, atribuindo sentidos e significados nessa relação humanizante.

É desse campo inter-humano que emerge a autêntica pessoa apta a relações que tenderão a ser autenticamente interpessoais, ou seja, carregadas do sentido essencial de que viver vale a pena. É desse campo ainda que funções psíquicas como atenção, concentração, memória e discriminação – implicadas na linguagem, no pensamento e na ampla simbolização – poderão emergir.

Concomitantemente a ser estudante e um dia tornar-se trabalhador, artista, esportista ou poliglota, o sentido de ser uma pessoa vivendo a própria vida necessita ser consolidado como uma conquista emocional essencial. Assim o indivíduo poderá ser capaz de assumir responsabilidades por seus sentimentos e ações, assumindo também com autonomia seus sucessos e fracassos.

> A evolução para a posição pessoal de responsabilidade e autonomia requer que a criança tenha podido depender quando seu estado de formação pessoal implicava dependência. Requer que ela tenha podido caminhar gradualmente para a independência relativa até que tivesse condições de ser independente.

É preciso assinalar que nem sempre o desenvolvimento cognitivo se integra ao desenvolvimento pessoal como um todo. Há pessoas extremamente inteligentes que sofrem de inseguranças básicas e cujas relações pessoais são muito prejudicadas. Ou seja, a educação voltada para o desenvolvimento da potencialidade humana precisaria deslocar o foco da racionalidade para o foco no crescimento integrado dos seres aprendentes, no qual a elaboração imaginativa, o brincar e o mundo inventado pela subjetividade da criança possam ter vez.

O brincar na psicanálise de Winnicott

A construção de sentido e de significado para a infância e a escolarização a ela destinada, entrelaçadas ao desenvolvimento da racionalidade moderna, abriram imensos campos de investigação nos campos da educação, da psicologia e da pediatria.

Na educação, pesquisas de diferentes abordagens investigam as funções mentais, os processos de relação ensino-aprendizagem e a construção da subjetividade humana, entre tantos tópicos que iluminam a compreensão da infância, conferindo a ela um lugar específico no mundo acadêmico.

Para a psicanálise, que surge na entrada do século XX com Freud, a descoberta do infantil no homem – ou seja, da origem dos quadros neuróticos, dos conflitos e das angústias que remontam ao inconsciente infantil – revela que os primeiros anos de vida não são inócuos para a formação do adulto e do desenvolvimento da potencialidade humana.

A partir da segunda metade do século XX, Winnicott sistematiza o conhecimento adquirido como pediatra e psicanalista, oferecendo um olhar diferenciado para os estados primitivos da formação do ser humano. Antecipo que, pela minha interpretação, esse autor não parece ver na infância imperfeições a serem extirpadas, tal qual acontecia no século XVII. Seus textos indicam que, nesse momento da vida humana, se as condições ambientais são suficientemente boas, o crescimento integrado ocorre sem sacrifício da capacidade criativa e na direção do desenvolvimento da capacidade de simbolização.

Importa-nos, portanto, abordar a infância de tal forma que ela tenha um lugar dentro do homem, da sociedade e da cultura. Um lugar que não requeira moldagem ou treinamento para que a criança alcance suas realizações, mas, ao contrário, em que as necessidades emocionais primitivas sejam reconhecidas. Somente isso permitirá que cada criança sinta que a própria vida pode ser criada e recriada permanentemente. Somente isso levará a uma preparação profunda, ampla e consistente para a vida, na qual os processos racionais decorram de elaborações imaginativas e as funções mentais não estejam dissociadas do afeto. Assim, este capítulo trata de dar visibilidade ao infantil que há no homem, abarcando-o em sua dimensão inconsciente e focando seu desenvolvimento afetivo e relacional consigo mesmo e com o ambiente que o cerca.

Considerando que a criança que está bem brinca como forma de comunicar-se consigo e com o mundo, toma-se o brincar como a experiência que mais caracteriza a infância. Winnicott (1975a, p. 80), preocupado em desvendar em que lugar do psiquismo se encontra a experiência do brincar, diz: "É no brincar e somente no brincar, que o indivíduo, criança ou adulto, pode ser criativo e utilizar sua personalidade integral: e é somente sendo criativo que o indivíduo descobre o eu (*self*)".

Porém, o brincar requer inicialmente que a criança tenha se apropriado de sua criatividade originária e subjetivado o mundo.

O mundo subjetivamente concebido

No início da vida, o bebê é impelido a buscar, por meio do olhar, do choro e dos movimentos aquilo de que precisa. Quando consegue ser atendido, ocorre um encontro de tremendo significado. Ele encontra não apenas o leite pelo qual chora e do qual se alimenta fisicamente, mas também a experiência ilusória (necessária naquele momento!) de ser muito poderoso e, por isso, de ter criado, no instante em que precisava, exatamente aquilo de que necessitava.

Num jogo imaginativo com o leitor, para fins didáticos, se pudéssemos descrever a experiência emocional por parte do bebê, ele nos comunicaria:

— Eu tenho fome, calor, dor, necessidade de aconchego... Eu choro, movimento-me, procuro... Algo no ambiente movimenta-se e se põe à disposição para atender-me... Nem percebo que isso é algo externo a mim, pois não tenho essa possibilidade psíquica, mas encontrando o que preciso sinto-me agente ativo dessa realização! Partiu de mim uma necessidade e o ambiente estava ali para atender-me!

Sem ainda perceber-se discriminado do outro, essa experiência para o bebê seria assim vivida:

— Tenho um eu (*self*) que cria aquilo de que preciso... Posso criar... Confio no ambiente e em mim mesmo!

Está lançada uma esteira de segurança, de esperança (como capacidade efetiva de esperar pelo atendimento quando precisa), da tão chamada autoestima.

Vai-se construindo para o bebê um mundo subjetivo, um eu que pode querer, pode manifestar-se e obter não apenas satisfação, mas a afirmação de uma identidade que começa a se construir em torno de um sentido pessoal. Essas experiências vão se aglutinando e, se a vivência de "ter criado o atendimento de suas necessidades" predomina sobre as falhas no atendimento por parte do ambiente, o bebê e a criança podem ser e continuar sendo, em vez de reagirem ao ambiente, para defender-se de suas angústias.

Desenvolve-se a experiência de viver a partir de si mesmo e não das expectativas alheias, pois subordinar-se recorrentemente às falhas ambientais nesses momentos iniciais da vida traria um profundo estado de submissão. Para isso não acontecer, é necessário que aquilo de que o bebê necessita esteja lá, e então ele possa viver a ilusão de ter criado subjetivamente o mundo. Nesse contexto, criatividade é o oposto de submissão (Dias, 2003).

Segundo Winnicott, até os 4 ou 6 meses de vida, o bebê, em sua ilusão de onipotência, cria a mãe, mas ela tem de estar lá para que isso faça sentido. Por isso diz-se que, no começo da vida, a mãe e o mundo são coisas *concebidas* pelo bebê. Logo, a experiência de criar o mundo, de concebê-lo de acordo com suas necessidades, será produto das relações inter-humanas que ali estão se estabelecendo.

O mundo objetivamente percebido

Se o ambiente participar ativamente da constituição do eu em formação da criança, o processo de amadurecimento emocional prossegue. Aos poucos, ela percebe que nem todas as suas necessidades podem ser satisfeitas de imediato, mas, se houve um bom começo de relação com o ambiente, ela desenvolve recursos psíquicos para se desiludir sem ser aniquilada na experiência de criar pessoalmente a vida.

Devagar, a necessária ilusão de onipotência vai sendo substituída pela capacidade de esperar para ser atendido. Esse processo, que conta com o desenvolvimento das funções mentais e motoras não deve, no entanto, se acelerar de modo que forje na criança pequena uma independência emocional que ela ainda não tem.

A verdadeira independência do ser humano será sempre relativa, e sofrem muito aqueles que se encapsulam no intelecto buscando com isso, sempre sozinhos, as soluções para seus impasses existenciais. Com o desenvolvimento da dependência relativa, a criança vai ganhando possibilidades de compartilhar a realidade objetiva, agora *percebida* coletivamente, e não apenas concebida de acordo com suas necessidades.

Quando tudo corre bem, esse processo é agradável à criança, mas para isso ela precisa contar com adultos que compreendam a necessidade de acolhê-la nas ocasiões em que ela retorna a um mundo mais íntimo, em que a realidade subjetiva pode colorir com tintas próprias o que o mundo dos adultos enxerga.

Exatamente nessa dinâmica mora uma terceira área descrita por Winnicott, que não é a do mundo subjetivo nem a do mundo objetivo, mas uma área intermediária tratada como "área do brincar".

A transicionalidade e o brincar

"Transicionalidade" é um termo criado por Winnicott para designar a experiência humana em que o indivíduo transita em si mesmo de um modo de ser a outro, de um mundo subjetivado a um mundo objetivo. Somente os cuidados permanentes do ambiente permitem que ele ocupe esse espaço de separação entre ele e o mundo e transite de um modo de ser a outro com confiança. Essa área infinita de separação pode ser preenchida pelo bebê, pela criança, pelo adolescente e pelo adulto de forma criativa com o brincar.

Somente àqueles a quem foi conferido um sentido de segurança e puderam, por isso, subjetivar o mundo será possível viver os fenômenos da transicionalidade, ganhando percepções cada vez mais realísticas acerca de si mesmos e do mundo. Isso significa que somente em estado de segurança e confiança no ambiente e em si mesma a criança pode desfrutar do brincar como uma experiência que é ao mesmo tempo resultado de um bom desenvolvimento e conduz para a continuidade do crescimento. Porém, se o contato com a chamada realidade externa se deu pelos caminhos da submissão e não da criatividade, a transicionalidade e o brincar ficarão comprometidos.

A transicionalidade de onde emerge o brincar marca, portanto, um momento importantíssimo do desenvolvimento emocional da criança. O bebê que, de início, formava um todo indiscriminado na relação fusionada com a mãe já se percebe emocionalmente separado dela. Ou seja, a mãe, que era sua criação subjetiva, objetivou-se, passando a fazer parte de uma realidade que o bebê não controla.

É exatamente no espaço da separação entre mãe e bebê que entram, por vezes, os objetos transicionais – os paninhos, as chupetas, os ursinhos de apego. Cabe enfatizar que o que importa não é o objeto em si (ursinho, paninho etc.), mas o fenômeno vivido pela criança ao elaborar sua experiência emocional por meio da utilização de um objeto, que, ao mesmo tempo, marca um lugar de união com a mãe e de separação dela.

O objeto transicional contém, portanto, a necessidade subjetiva do bebê (de aconchego, por exemplo) e um dado da realidade objetiva (o ursinho não é a mamãe; ela foi trabalhar; a criança vive a sua falta...)

Da perspectiva emocional, o brincar marca, pois, um lugar de separação e de união com o outro externo a ela. Permite que a criança se perceba discriminada desse outro que só agora começa a ser sentido como outro. Se ela se sente segura nesse processo de separação, segue sua tendência ao crescimento, aceitando que muitas coisas estão e estarão fora de seu campo de onipotência e controle.

Pelos fenômenos transicionais, a criança integra aspectos de seu mundo subjetivo e do mundo que se objetiva para ela. Aprende com a realidade compartilhada e faz valer a um só tempo sua realidade pessoal, singular e única. Seus anseios e sonhos, suas necessidades e fantasias se agregam a um mundo que se impõe e exige capacidade de adaptação. No entanto, a adaptação total à realidade externa pode vir a massacrar seu mundo subjetivo, com consequências nefastas para a construção de sua identidade e de seu modo de ser no mundo.

O brincar possibilita que a criança aceite, sem negação, o mundo objetivo apresentado a ela, mas também sem adaptar-se a ele com submissão e sacrifício dos aspectos genuínos da subjetividade. Se o mundo objetivo se impõe, subordinando emocionalmente a criança, ela se sente impedida de brincar e de prosseguir nos processos de simbolização e aprendizagem.

Nesse sentido, o verdadeiro brincar – variado e imaginativo – é aquele que abre caminhos ao desenvolvimento da simbolização, uma experiência que marca, a um só tempo, a percepção da criança de que ela é separada do seu primeiro objeto de ligação, em geral, a mãe, e do mundo externo, estando porém ligada a ambos.

No brincar, estão presentes seu mundo subjetivo, ela brinca a serviço de apropriar-se de sentimentos e experiências e integra isso tudo à realidade compartilhada. O brincar, como experiência emocional, possibilita que a criança afirme-se em sua identidade; por isso aparecem, nas brincadeiras, suas necessidades, seus interesses, seus sentimentos de temor, agressividade, amor, entre outros.

Nas narrativas comuns de um brincar infantil, observamos a luta da criança entre sua onipotência e sua potência real, seus sonhos e alguns dos limites dados pela realidade, suas conquistas e os obstáculos que lhe provocam desilusões ou frustrações.

Derivações para o papel do educador

Esse processo requer que o papel do educador seja de reconhecimento e legitimação das manifestações genuínas da criança, que brinca e inventa histórias. Sua presença cuidadosa deve inclinar-se à atenção, à compreensão, ao acolhimento e à atribuição de sentidos, sem invasão.

A transicionalidade ocorre no espaço potencial entre o bebê e a mãe, a criança e a família, o aluno e o educador, o indivíduo e a sociedade. Trata-se de uma experiência que só pode ser alcançada pela confiança. Quando esta não existe, a capacidade lúdica e de invenção fica empobrecida e restrita. A criança sente-se impedida na expansão de sua identidade, que supõe ocupar o espaço intermediário entre o mundo subjetivo e o mundo objetivo, brincando e sentindo que cria a vida. Nas situações do brincar, aqueles que se acham encarregados de uma criança devem oferecer a ela elementos para o enriquecimento de suas brincadeiras e de sua vida cultural.

Winnicott (1975b, p. 151-52) se pronuncia claramente sobre isso:

> Existe para muitos pobreza de brincadeiras e da vida cultural porque, embora encontrem lugar para a erudição, houve um relativo fracasso por parte daqueles que, fazendo parte do mundo da criança, falharam em fornecer a ela elementos culturais nas fases apropriadas do desenvolvimento da personalidade.

Portanto, o papel da escola e do educador, no que tange a esse tema, parece ser norteado por dois tipos básicos de atenção:

- Estabelecer relações não invasivas e de confiança com a criança, reconhecendo suas necessidades específicas. Isso se faz no acolhimento compreensivo de suas manifestações tanto amorosas como agressivas, a fim de que ela tenha espaço para apropriar-se de sua vida impulsiva, de suas fantasias, de suas angústias, de seus conflitos.

- Configurar relações não negligentes, oferecendo-lhe elementos culturais de acordo com as necessidades observadas e adequados à sua fase de desenvolvimento. Isso abarcaria desde os cuidados com sua integridade física e a dos outros, entendendo-se aí a necessidade de se colocar limites, como a atribuição de novos sentidos e significados que enriqueçam suas invenções e lhe permitam acesso ao patrimônio cultural humano.

Algumas considerações

Sendo a infância um conceito construído socialmente ao longo de muitos séculos, podemos problematizar também o fenômeno contemporâneo da desconstrução ou da ressignificação desse conceito.

Pela premissa de Vygotski (1995a) de que o signo age na formação humana, tal qual um instrumento opera mudanças no mundo físico, importa a quem trabalha com a infância nos diferentes âmbitos explorar as mudanças formuladas pelas determinações histórico-culturais que incidem sobre os pequenos, sobretudo em instâncias como a família, a escola e a mídia, entre outras.

Se, na Idade Média, a infância não existia, a partir do século XVII, as crianças começam a ser educadas para a racionalidade, prática que prevalece ainda hoje. Com a proliferação de berçários e creches, esse objetivo alcança a infância em períodos cada vez mais primitivos do seu desenvolvimento. A adaptação precoce da criança ao mundo, em vez de o mundo adaptar-se a ela no início da vida; a racionalidade prematuramente imposta por meio de estímulos indiscriminados; a ênfase no comércio do brinquedo em detrimento da experiência do brincar conformam uma panorâmica da infância na contemporaneidade.

A infância, hoje, serve à erotização precoce pela mídia; a interesses de mercado, sendo tratada como "alma do negócio"; e a equívocos de adultos, por vezes bem intencionados, mas que tentam um controle de sua formação, direcionando-a para uma adultização imposta. Assim, a infância como signo é marcada por esses sentidos, sendo eles os constituidores das crianças em nosso meio. Tal realidade aponta de forma inescapável para a seguinte tensão:

- Como fica a formação humana quando as necessidades emocionais de bebês e crianças pequenas são embaçadas e não consolidadas como direitos da infância?
- De que modo as práticas sociais de amparo e desenvolvimento das crianças podem vir a legitimar: a) seu direito de apego seguro a um objeto de ligação que lhe seja constante; b) seu direito de serem atendidas a seu tempo, sem que sua adaptação se dê de modo forçado; c) seu direito de conceber o mundo criativamente, sentindo que podem ser atendidas, conforme sua necessidade, para confiar no ambiente e em si mesmas; d) seu direito de viver os fenômenos transicionais como quem brinca, na área intermediária entre o mundo subjetivo e o mundo objetivo; e) seu direito de brincar, contando com a atenção responsiva (não invasiva nem negligente) dos adultos?

De acordo com minha reflexão, tudo isso formata uma situação dinâmica em que o brincar, no âmago das necessidades emocionais da criança, não parece consolidar o conceito de infância como um signo a serviço de si mesmo. Com as demandas criadas pela família, pela escola e pela sociedade, os sentidos e significados desse conceito na contemporaneidade levam a infância a privações essenciais.

Em outras palavras, o sentido de infância, como período de vulnerabilidade máxima às ações, intervenções e significações advindas dos pais, dos educadores e da sociedade, permanece ainda sem a visibilidade necessária. Essa circunstância priva grande parte das crianças da oportunidade de um bom desenvolvimento emocional, psicomotor e intelectual, ao mesmo tempo que as expõe a outros interesses diversos que não sejam propriamente sua existência saudável rumo ao crescimento integrado.

Nesse sentido, julgo oportuno dar visibilidade às necessidades emocionais do ser humano, enfocando exclusivamente a constituição pessoal da criança, concebida em sua vida de relações, nos diferentes grupos sociais a que pertence. No núcleo desse foco, estaria a importância do brincar como vivência que reúne e integra aspectos do mundo subjetivo e do mundo objetivo em que a criança se encontra. Da qualidade dessa experiência, resultaria a possibilidade de ela se formar como pessoa inteira e integrada.

Se a criança alcança o brincar como conquista emocional importante, permanecerá nessa mesma área intermediária entre o mundo subjetivo e objetivo na vida adulta, produzindo experiências culturais e contribuindo com a sociedade em que vive. Ou seja, produzir cultura pode ser o jeito adulto de brincar para sempre!

A sustentação do conceito de infância, com base na premissa do brincar como modo de ser e estar no mundo, configura o período da infância como o mais promissor ao investimento de uma sociedade. É fornecendo condições para o brincar verdadeiro que se oferecem elementos para a construção de vidas psíquicas e para o resgate de vidas prejudicadas.

Por essa reflexão, justifica-se o direito da criança de viver a infância como um período de necessidades emocionais peculiares. O redimensionamento decorrente dessa compreensão transformaria, a meu ver, a educação para a racionalidade na mais ampla educação para o desenvolvimento das potencialidades humanas.

RELEMBRANDO

Ao longo deste capítulo, vimos que:

- Os signos, segundo Vygostky, operam mudanças no mundo psíquico. Logo, os sentidos e significados de infância, como signo, constroem diferentes modos de relacionamento com as crianças, constituindo-as de maneiras diversas de acordo com o tempo e o espaço em que se encontram no mundo.

- A infância, tal qual se apresenta na contemporaneidade, não é contemplada socialmente com base em suas necessidades emocionais. Tampouco o brincar recebe o lugar central pelo qual suas necessidades deveriam ser compreendidas nas práticas sociais constitutivas dos bebês e das crianças.

O brincar, segundo Winnicott, é, a um só tempo, um modo de concepção subjetiva que a criança experimenta sobre si e sobre o mundo e de percepção objetiva sobre si e sobre o mundo.

Essa grandiosa vivência requer do educador uma atitude atenta e responsiva para que a criança não se sinta invadida e impedida de brincar nem negligenciada, mas sustentada emocionalmente por sua presença viva e compreensiva.

O educador instaura e sustenta a confiança básica da criança em si e no mundo e fornece elementos culturais para o enriquecimento de seus processos criativos e inventivos.

SUGESTÃO DE ATIVIDADES

Assista com o seu grupo de educadores ao filme *Vermelho como o céu*, de Cristiano Bortone (DVD, Califórnia Filmes, 2006), e debata-o, tentando localizar os seguintes aspectos:

A. Que atitudes, por parte dos adultos, pareceram invasivas, capazes de não construir ou de deteriorar a confiança da criança nas relações?

B. Quais delas pareceram não invasivas, fomentando a confiança?

C. Quais delas pareceram negligentes?

D. Quais delas pareceram responsivas (não negligentes)?

E. Que elementos culturais foram deliberadamente oferecidos para atender às necessidades das crianças e serviram para enriquecer a brincadeira?

F. Como se pode identificar o "mundo subjetivamente concebido" do aluno que protagoniza o enredo?

G. Como se localiza nessa história a adaptação do mundo (escola) à criança, em vez do contrário?

Reflita e converse sobre suas práticas diárias:

A O "espírito do brincar", ou seja, a subjetividade da criança está presente nas atividades de seu grupo: sempre, frequentemente, só às vezes?

B Como você tem compreendido o aluno inibido – ou aquele cujo brincar é repetido e monótono – em sua capacidade de brincar?

C Como estabelecer com essas crianças ou com o grupo de crianças relações de confiança e legitimação de suas necessidades emocionais?

D Como enriquecer o brincar empobrecido com participações que forneçam elementos da cultura para o crescimento pessoal de cada aluno?

Referências bibliográficas

ARIÈS, P. *História social da criança e da família*. 2. ed. Rio de Janeiro: LTC, 1981.

BAKHTIN, M. "Os gêneros do discurso". In: *Estética da criação verbal*. São Paulo: Martins Fontes, 2003.

CONTI, C. *O papel do outro na constituição do psiquismo: um tema e duas abordagens em dialogia*. Tese (Doutorado em Educação), Universidade Metodista de Piracicaba, Piracicaba (SP), 2010.

DIAS, E. O. *A teoria do amadurecimento de D. W. Winnicott*. Rio de Janeiro: Imago, 2003.

MUNERATO, R. V. S. *Educação Infantil: políticas públicas na década de 80*. Bauru: Edusc, 2001.

VYGOTSKI, L. S. [1931] "Génesis de las funciones psíquicas superiores. Historia del desarrollo de las funciones psíquicas superiores". *Obras escogidas*. v. III. Madri: Visor, 1995a.

______. [1931] "El problema de desarrollo de las funciones superiores". *Obras escogidas*, v. III. Madri: Visor, 1995b.

______ [1932] "El primer año. Problemas de la psicología infantil. *Obras escogidas*. v. IV. Madri: Visor, 1996.

WINNICOTT, D. W. [1971] "O brincar: a atividade criativa e a busca do eu (self)". In: *O brincar e a realidade*. Rio de Janeiro: Imago, 1975a.

______. [1971] "A criatividade e suas origens". In: *O brincar e a realidade*. Rio de Janeiro: Imago, 1975b.

______. [1945]. "Desenvolvimento emocional primitivo". In: *Textos selecionados: da pediatria à psicanálise*. Rio de Janeiro: Francisco Alves, 1988.

______. [1967] "A comunicação entre o bebê e sua mãe entre a mãe e o bebê: convergências e divergências". In: *O bebê e suas mães*. São Paulo: Martins Fontes, 2002.

______. [1967] "O conceito de indivíduo saudável". In: *Tudo começa em casa*. São Paulo: Martins Fontes, 2005.

3 O brincar na educação infantil e o desenvolvimento cultural da criança

Maria Nazaré da Cruz

Introdução

Tratar da importância da brincadeira no âmbito da educação infantil pode ser um desafio. Afinal, embora educadores, pesquisadores e documentos oficiais que orientam as práticas educativas nessa primeira etapa da educação básica abordem frequentemente este tema, assumindo sua relevância e sua centralidade na educação das crianças pequenas, "nem sempre encontraremos a mesma relevância no cotidiano pedagógico das instituições responsáveis pela educação da infância" (Martins e Cruz, 2008, p. 189).

Este capítulo propõe:

- Abordar o processo de constituição e desenvolvimento da brincadeira de faz de conta com base na perspectiva histórico-cultural da psicologia.
- Discutir o papel da brincadeira no desenvolvimento cultural da criança.
- Problematizar a brincadeira na prática docente da educação infantil, partindo das questões abordadas nos tópicos anteriores.

Por certo, os fatores que concorrem para esse estado de coisas são múltiplos e se sobrepõem de maneira complexa: as condições físicas e materiais das instituições de educação infantil, as práticas de gestão educacional, as prescrições contraditórias que orientam o trabalho docente, a preocupação com uma escolarização precoce da infância, entre outros. Sem nenhuma pretensão de esgotar o problema, neste capítulo, problematizaremos algumas tensões que parecem ser enfrentadas por professoras[1] em suas práticas relativas ao brincar na educação infantil, que podem contribuir para dificultar o trabalho com a brincadeira em creches e pré-escolas. Tais tensões parecem derivar, entre outros aspectos, de visões contraditórias sobre o brincar que, em alguns momentos, situam-no como uma atividade natural da criança, que dispensa qualquer intervenção do adulto e, em outros, valorizam-no como atividade pedagógica, como meio para aprender determinados conteúdos e/ou habilidades.

Assumindo-a como prática social que historicamente se constituiu como típica da infância, argumentaremos, com base na psicologia histórico-cultural, que a brincadeira – longe de ser uma atividade natural ou de se constituir como ferramenta pedagógica – tem papel central no processo de desenvolvimento cultural da criança e na sua constituição como sujeito.

Com esse objetivo, iniciaremos abordando como a brincadeira da criança se constitui e se desenvolve, desde as primeiras ações com objetos até o desempenho de papéis na situação imaginária, destacando a importância do outro, adulto ou parceiro mais experiente, nesse desenvolvimento. Em seguida, trataremos do papel da brincadeira de faz de conta no desenvolvimento cultural da criança, relevando aspectos referentes à cognição, à imaginação e à constituição da subjetividade. Por fim, enfocaremos a brincadeira na prática docente da educação infantil, problematizando a tensão entre o brincar como atividade constitutiva do processo de desenvolvimento cultural da criança e o brincar pedagogizado.

Criança aprende a brincar

Para começarmos nossa reflexão, é preciso considerar um aspecto relativo à brincadeira infantil que muitas vezes acaba deixado de lado:

1. Neste texto, o uso do feminino justifica-se pela presença majoritária (embora não exclusiva) de mulheres na docência de educação infantil e pelas marcas de gênero que a caracterizam, conforme a literatura tem demonstrado.

a criança aprende a brincar. Se nos esquecemos de que brincar é uma atividade que se aprende com o outro é porque, no senso comum, a brincadeira é vista como atividade natural, espontânea, comum a todas as crianças, em qualquer época e lugar.

Reconhecer que se aprende a brincar é fundamental para entendermos o desenvolvimento da própria brincadeira, bem como seu papel no enriquecimento cultural da criança. Tomemos uma cena registrada em um berçário de creche:

Amália, com 10-11 meses de idade, está sentada sobre o tapete e manipula uma boneca; coloca-a deitada à sua esquerda e depois à sua direita; ergue-a acima da cabeça; coloca-a a sua frente e estica as pernas, apoiando os pés sobre a boneca; traz a boneca para perto de si novamente e começa a dar-lhe tapinhas nas costas.

Uma cena como essa possibilita perceber que a relação da criança com a boneca como objeto que representa um bebê é algo que precisa ser construído. Dos gestos da menina dirigidos à boneca, apenas o último deles guarda semelhança com uma atitude comumente orientada aos bebês pelas educadoras da creche: dar tapinhas nas costas é uma forma usual de ninar no contexto em que Amália está inserida. Poderíamos nos perguntar, então, se a criança reproduz espontaneamente, com a própria boneca, o gesto que os adultos realizam com os bebês e, em um primeiro olhar, julgar que sim. No entanto, entre as primeiras manipulações de objetos realizadas pela criança e o aparecimento do faz de conta há um complexo processo de desenvolvimento em que o adulto ocupa papel fundamental.

Elkonin (2009), ao discutir a origem da brincadeira no desenvolvimento da criança, alerta que só podemos falar em jogo depois que as coordenações sensório-motoras básicas para a manipulação de objetos tenham sido formadas. Tal formação ocorre paulatinamente durante os primeiros meses de vida, conforme os objetos vão sendo apresentados para a criança por parceiros mais experientes, adultos ou crianças mais velhas. Assim, ao selecionar os objetos que serão entregues à criança pequena e atuar sobre eles, os parceiros mais experientes acabam por orientar (em geral sem se dar conta) as manipulações que se formarão.

Para o autor Elkonin (2009, p. 13), essa manipulação de objetos e brinquedos pela criança – que os agarra, sacode, balança e repete com eles o mesmo movimento várias vezes – dará lugar à "contemplação ativa do objeto-brinquedo":

> O exame do objeto relacionado com a manipulação baseia-se precisamente em que a criança (claro que à parte de todo desejo intencionado) coloca o objeto em novas posições e permanece atento, até que se esgotem todas as possibilidades de novidade [...] o mesmo ocorre com os movimentos reiterativos, como as palmadas no objeto [...].

Nessa perspectiva, a movimentação de Amália com a boneca parece consistir justamente nesse tipo de exploração e de contemplação ativa do objeto, na qual alguns processos importantes para o desenvolvimento de sua atividade são exercitados. Dessas primeiras manipulações, surgirão diversos tipos de atividade, entre elas as ações com os objetos propriamente ditas. Ações com objetos são aqui compreendidas como "modos sociais de utilizá-los que se formaram ao longo da história e [foram] agregados a objetos determinados" (Elkonin, 2009, p. 216). Para isso, é imprescindível a atividade conjunta com os adultos sobre os objetos, uma vez que eles são a fonte de modelos de ações com os objetos.

Para o autor, os objetos em si não apresentam indicações de como devem ser utilizados. Logo, seus modos de utilização não podem ser descobertos pela criança sozinha, por meio da simples manipulação. A orientação dos adultos, que apresentam os objetos e oferecem modelos de ação, é fundamental para o processo de aprendizagem e desenvolvimento de ações – cotidianas ou lúdicas – com objetos.

Dito de outro modo, é na relação com os adultos que a criança aprende a usar a colher, o copo, o pente e também os brinquedos. São eles que apresentam às crianças, durante atividades conjuntas, os modos histórica e culturalmente constituídos de utilizar objetos e brinquedos, dos quais a criança, paulatinamente, se apropria.

Objetos, ações e significação na brincadeira de faz de conta

Além de oferecer objetos e modelos de ação à criança, o adulto realiza outro tipo de atividade fundamental ao desenvolvimento da brincadeira infantil: trata-se de atribuir sentidos aos gestos e movimentos da criança, interpretando-os como brincar. Nessa direção, o gesto de Amália de dar tapinhas nas costas da boneca, mesmo sendo para ela mero exercício de manipulação e observação do objeto, pode ser tomado pelo adulto como brincadeira.

Para Brougère (2011), o que se define como brincar supõe "um sistema de designação, de interpretação das atividades humanas", próprio a cada época histórica e a cada grupo cultural. Assim, cada cultura definirá o conjunto de atividades que compreenderá como brincadeira. Nesse contexto, a noção de interpretação é fundamental na definição do que é ou não considerado lúdico. Em suas palavras:

> Quem diz interpretação supõe um contexto cultural subjacente ligado à linguagem, que permite dar sentido às atividades. O jogo se inscreve num sistema de significações que nos leva, por exemplo, a interpretar como brincar, em função da imagem que temos dessa atividade, o comportamento do bebê, retomando este o termo e integrando-o progressivamente ao seu incipiente sistema de representação. (p. 21)

Vigotski nos ensina que, desde o início do desenvolvimento da criança, suas atividades ganham sentido em um sistema de comportamento social, uma vez que são sempre percebidas e significadas em um contexto cultural. Dito de outro modo, o fato de que a criança vive num ambiente humano implica que suas ações sejam incluídas, por seus parceiros culturalmente mais experientes, em um sistema de significações sociais. É, sobretudo, pela mediação do outro e do signo que a criança se apropria de sua cultura, penetrando aos poucos num universo de significações sociais.

Examinemos a seguinte situação em um berçário de creche:

A professora está sentada no chão com Otávio (10 meses de idade) no colo e rodeada de crianças quando Natália (14 meses) aproxima-se trazendo uma boneca e diz: "A nenê!" A professora repete "nenê!", pega a boneca, encosta-a no seu rosto e canta "Nana-nenê!", dando tapinhas na boneca. Depois, devolve-a a Natália, que canta "papai...", também dando tapinhas na boneca. A professora balança afirmativamente a cabeça e continua a cantar: "Que a cuca vem pegar, papai foi na roça, mamãe no cafezal". Natália continua dando tapinhas na boneca, balançando o corpo de um lado para o outro e olhando para a professora, que prossegue: "Bicho-papão..."

Nesse episódio, depois que a criança *nomeia* o objeto, a professora responde repetindo "nenê", pegando a boneca e cantando "Nana-nenê" enquanto dá tapinhas na boneca. Podemos dizer que a fala de Natália e a própria boneca são colocadas pela professora no contexto de uma ação culturalmente determinada – de brincar de ninar a boneca, cantando – da qual Natália também participa, repetindo-a/imitando-a.

Em seguida, é a professora quem canta e Natália embala a boneca, sempre olhando para a educadora. Adulto e criança interagem, compartilhando uma ação significativa sobre o objeto. A professora, ao cantar, apoia, complementa, significa a ação de embalar a boneca, circunscrevendo e sustentando o gesto da criança.

Por sua vez, o gesto de Natália de dar tapinhas na boneca, balançando o corpo de um lado para o outro enquanto olha para a professora que canta, pode ser tomado como um indicador de que ela está se apropriando das significações que se produzem na relação com a professora. Essa apropriação, que se faz no contexto da interlocução, implica tanto os modos de participação da professora quanto a atividade da própria criança.

A explicação que Vygotsky (1984) oferece sobre a emergência do gesto de apontar pode nos ajudar a compreender melhor esse processo. Um movimento da criança dirigido a um objeto é percebido pelo adulto, que o interpreta como um gesto de apontar, de pedir algo. O adulto reage a esse gesto, entregando o objeto à criança. Aos poucos, o gesto transforma-se: de movimento em direção ao objeto, torna-se gesto orientado ao adulto. Segundo o autor, o significado e a função do gesto são criados, inicialmente, por uma situação objetiva à qual as pessoas que interagem com a criança atribuem uma significação e, só depois, se torna um gesto para a própria criança.

Ou seja, para Vygotsky (1984, p. 64),

> um processo interpessoal é transformado num processo intrapessoal. Todas as funções no desenvolvimento da criança aparecem duas vezes: primeiro, no nível social, e, depois, no nível individual; primeiro, entre pessoas (interpsicológica), e, depois no interior da criança (intrapsicológica).

Nessa perspectiva, podemos considerar que objetos existem como brinquedos e ações, como brincadeiras, primeiro para o adulto, antes de existirem para a própria criança, sendo na relação interpessoal que ela se apropria desses objetos e ações e das suas significações sociais.

Elkonin (2009) explica que, no processo de formação compartilhada das ações com objetos, primeiro a criança aprende o esquema geral de cada ação, sem ainda ajustar-se às operações adequadas aos objetos e às condições específicas de execução da ação. É por isso que a criança, muitas vezes, utiliza o pente segurando-o pelos dentes e passando-o pelos cabelos sem, de fato, penteá-los. Ela age levando em conta apenas um esquema geral da ação, que está sempre relacionado à sua significação social e à do objeto. O aspecto operacional da ação ainda exigirá um processo prolongado de desenvolvimento.

Assim, podemos dizer que a ação com objetos comporta sempre um esquema geral vinculado à significação social do objeto e também um aspecto operacional que deve levar em conta as particularidades deste e sua adequação aos objetivos da ação. No exemplo da utilização do pente pela criança, o aspecto operacional da ação diz respeito à maneira como ela segura e manipula o objeto de modo adequado ao objetivo de pentear os cabelos.

Cada uma dessas duas partes constituintes da ação sobre o objeto – sua significação social e sua operacionalidade – dará origem a atividades distintas: uma prática utilitária, para a qual é fundamental o aspecto operacional da ação; outra, de *trabalho sobre as significações sociais de objetos e ações*, que produzirá as primeiras formas de brincadeira de faz de conta das crianças.

Retomando o que dissemos até aqui, as ações da criança pequena com os objetos se organizam na atividade partilhada com os adultos que dela cuidam, oferecem-lhe modelos, auxiliam-na em suas tentativas de agir sobre os objetos e interpretam suas ações e movimentos, atribuindo-lhes significações sociais.

Assim é que, se nos voltarmos novamente para a cena em que Amália manipula a boneca e a colocarmos no contexto de muitas outras cenas envolvendo adultos, crianças e bonecas, notamos que: as educadoras ninam as bonecas, embalam-nas ao som das canções que cantam para fazer as crianças dormir; colocam-nas no colo das crianças, buscando moldar seus gestos para que as segurem como se fossem bebês; atribuem sentidos às manipulações que as crianças realizam com as bonecas. *Enfim, as educadoras ensinam a manipular a boneca, interpretando as ações espontâneas da criança a fim de inseri-la num contexto de significações sociais e incentivando-a a imitar suas ações.*

Se, de início, a criança tende a repetir as ações do adulto com os mesmos objetos que ele utiliza, aos poucos, essas ações passam a ser desenvolvidas com outros objetos. É o caso, por exemplo, de Natália, que, com cerca de 15 meses de idade, é flagrada no berçário ninando a própria sandália. Para Elkonin (2009, p. 224), "um objeto substitui-se pela primeira vez por outro quando há necessidade de completar a situação habitual da ação com o objeto ausente no momento dado".

Porém, essa substituição, de acordo com Vygotsky (1984), não é totalmente livre; não é qualquer objeto que pode substituir outro. É necessário que o objeto substituto comporte a ação habitualmente realizada com o objeto substituído, ao menos em seu esquema geral. Assim, para "pentear-se" na brincadeira, a criança provavelmente utilizará uma régua ou um bloco do jogo de montar (e não um lápis ou um caminhão) em substituição ao pente.

É por isso que Vigotski afirma que a brincadeira possibilitará que a criança comece a operar com significados separados dos objetos concretos, pois, quando age com um objeto como se fosse outro, a criança separa do objeto real o significado. Ou seja, quando utiliza a régua para pentear-se, a criança está operando com o significado "pente" separado do pente objeto real.

Nesse contexto, assim como um objeto substitui outro, também uma ação substitui a outra: a ação de deslizar a régua sobre os cabelos substitui a de pentear-se. Desse modo, o significado separa-se também da ação por intermédio de outra ação e a criança passa a operar com o significado da ação. Ou seja, em nosso exemplo, deslizar a régua na cabeça assume, na brincadeira, o significado de pentear-se. Assim, utilizar outros objetos e ações auxilia a criança a realizar uma transição que a conduz à possibilidade de lidar com significações desvinculadas de objetos e ações.

No entanto, se na situação em que a criança faz uso de objetos e ações substitutivas para brincar podemos identificar o início do faz de conta, nela a criança ainda não assume necessariamente nenhum papel ao executar uma ou outra ação. Ou seja, ela usa a colher de brinquedo para alimentar o cachorro de pelúcia, a boneca ou o pato desenhado no livro, sem assumir qualquer papel (como o de mãe, por exemplo) em relação a essas ações.

Das ações com objetos ao desempenho de papéis na situação imaginária

Para Elkonin (2009, p. 259), o desenvolvimento da brincadeira da criança inicia-se com ações concretas sobre os objetos que, aos poucos, evoluem para ações lúdicas sintéticas para somente depois dar lugar à ação protagonizada propriamente dita. Em suas palavras: "Há *colher*; *dar de comer* com a colher; dar de comer com a colher *à boneca*; dar de comer à boneca *como a mamãe*; tal é, de maneira esquemática, o caminho para o jogo protagonizado" (grifos do autor). É preciso destacar, no entanto, que essas mudanças não ocorrem de forma espontânea, mas implicam a participação dos adultos ou de parceiros mais experientes, que oferecem modelos e ensinam a criança a brincar.

Se a brincadeira da criança bem pequena consiste na reprodução de ações humanas sobre objetos, com o seu desenvolvimento, as relações sociais implicadas nessas ações vão se tornando, cada vez mais, o foco da atividade da criança. Fontana e Cruz (1997, p. 135) exemplificam:

> Ao embalar a boneca, trocar sua roupa, dar-lhe banho ou comidinha, a criança pequena assume o papel de mãe, preocupando-se em reproduzir as ações maternas. Já a criança mais velha inclui essas ações em um contexto de relações sociais mais amplo, em que não importam apenas as ações que a mãe realiza com o filho, mas as relações entre ambos. Ela ralha com a boneca, leva-a ao médico ou à escola, o pai e outros irmãos podem aparecer, trazendo para o primeiro plano as relações sociais em que mãe e criança estão inseridas.

O jogo protagonizado, para Elkonin (2009), é aquele em que o papel desempenhado pela criança e as ações decorrentes dele são a característica central. A base desse jogo não é o objeto, sua utilização e/ou sua transformação, mas as relações sociais estabelecidas entre as pessoas no contexto de suas ações com os objetos. Ou seja, o fundamento do jogo protagonizado são as relações homem-homem. Ao assumir o papel de adulto no jogo, a criança recria e elabora essas relações. Desse modo, nas análises de Elkonin, o papel e as ações que a ele se vinculam constituem a unidade do jogo protagonizado.

Dito de outro modo, a brincadeira de faz de conta começa com a execução de ações, geralmente domésticas, pela criança pequena. Ela cozinha, empurra o bebê no carrinho, fala ao telefone, usa o secador de cabelos. Aos poucos, começa a assumir um papel relativamente a essas ações. É quando a criança diz: eu sou a mamãe, eu sou o médico, eu sou a cabeleireira. Surgem, aos poucos, as relações entre diferentes personagens da brincadeira e os papéis vão se desenvolvendo.

Ao mesmo tempo, os temas das brincadeiras podem se ampliar, extrapolando a vida doméstica e cotidiana em direção aos acontecimentos da vida social ou às histórias que lhes são contadas e/ou lidas.

Nesse processo, as relações sociais entre as crianças que brincam também se tornam mais complexas. As crianças muito pequenas formam pequenos grupos, bastante instáveis, em que uma criança brinca ao lado da outra, mas não necessariamente em conjunto. Suas ações ainda não se coordenam: cada uma arruma a própria boneca ou mexe a sua panelinha. Aos poucos, no entanto, os grupos tornam-se maiores e mais estáveis e as ações das crianças passam a ser coordenadas pelos papéis que assumem (Elkonin, 2009).

Trabalhando com uma noção de papel mais ampla que aquela implicada na ideia de jogo protagonizado e que se estende a toda e qualquer interação social e não apenas à brincadeira, Oliveira e Rossetti-Ferreira (1993, p. 65) realçam a relação entre papéis e contrapapéis:

> Por exemplo, estender um objeto em direção ao parceiro significa "dar o objeto" se o parceiro toma-o com as mãos, aceitando a oferta que supôs implícita. O mesmo gesto pode significar "trocar objetos" se o parceiro, enquanto toma o objeto estendido, lhe oferece outro. Ele pode também significar "um convite para uma brincadeira simbólica" se o parceiro cai no chão fingindo ter sido morto por uma arma imaginária.

Mesmo considerando que os seres humanos desempenham papéis durante toda a sua vida e em variadas situações, as autoras enfocam o jogo de papéis na brincadeira infantil por considerá-la o lócus ideal para compreendermos as interações entre crianças pequenas. Ao pesquisar a evolução da coordenação de papéis em brincadeiras infantis, elas constatam que crianças pequenas – com menos de 2 anos – ainda têm muita dificuldade de coordenar sua ação com a de outra criança da mesma idade.

As primeiras coordenações ocorrem fundamentalmente pela imitação de gestos e posturas, como quando uma criança que segura um caminhãozinho observa outra, que empurra um carrinho de boneca com um ursinho dentro, e acaba por colocar o caminhão num carrinho de boneca, passando a empurrá-lo pela sala. Ou, então, quando duas crianças, sentadas lado a lado no tanque de areia, cada uma portando um balde e uma pá, enchem e depois esvaziam o balde.

O significado de *papel* apresentado por Oliveira e Rossetti--Ferreira é bastante diferente do conceito trazido por Elkonin e por Vigotski quando tratam da brincadeira da criança. Se no contexto da noção de jogo protagonizado o papel diz respeito às pessoas (suas ações e suas relações sociais) que as crianças representam ao brincar, para Oliveira e Rossetti-Ferreira toda e qualquer interação humana é vista como coordenação de papéis. O papel, nesse caso, não é a representação de um outro, mas diz respeito aos gestos e ações, com suas significações histórico-culturais partilhadas, que o sujeito assume em suas interações com os outros. Para as autoras (1993, p. 65),

> [...] como as ações humanas têm seus significados negociados e definidos em experiências socioculturais, comportamentos recortados constituem papéis associados a contrapapéis desempenhados por cada um dos parceiros [...] na interação humana, os papéis são desempenhados, confrontados e coordenados pelos participantes, que simultaneamente têm que negociar o referencial cultural trazido à situação por suas ações e as posições que nelas adotam, um em relação ao outro.

Aos poucos, as crianças passam a usar a linguagem verbal para coordenar suas ações com as de outras crianças, inicialmente usando expressões que chamam a atenção do outro para um objeto ou brinquedo ou que marcam a alternância de turnos para realizar certa atividade. É o que acontece quando uma criança diz à outra: "Olha!", indicando-lhe o objeto com o qual brinca. Ou quando diz: "Agora é minha vez", depois de esperar que o companheiro de brincadeiras dê uma volta no pátio pedalando o triciclo. Para Oliveira e Rossetti-Ferreira (1993, p. 67),

> As expressões usadas para chamar a atenção do parceiro constituem uma importante condição para um jogo de papéis mais coordenado. Dando a oportunidade para a inversão de papel, elas auxiliam a criança a observar o parceiro enquanto esperam sua vez para desempenhar o mesmo papel.

À medida que a linguagem das crianças se desenvolve, mais ricas se tornam as possibilidades de organização da ação partilhada na brincadeira. Dizer uma à outra como usar determinado objeto ou brinquedo, combinar o tema, distribuir os papéis e organizar o cenário da brincadeira são algumas das coordenações que só se tornam possíveis com o desenvolvimento da linguagem. Aqui é importante destacar que não se trata necessariamente de *primeiro* desenvolver a linguagem e *depois* coordenar papéis, já que as próprias interações entre crianças nas brincadeiras são também promotoras do desenvolvimento da linguagem.

No desenvolvimento da coordenação de papéis, as crianças mais novas começam, então, por desempenhar *fragmentos de enredo bem conhecidos*, sendo suas ações mais estreitamente vinculadas ao contexto presente do que as do grupo de crianças maiores. Estas últimas apresentam um enredo mais elaborado, uma vez que se utilizam efetivamente da linguagem para a negociação e a coordenação de papéis (Oliveira e Rossetti-Ferreira, 1993).

Tal perspectiva a respeito da evolução da coordenação de papéis parece compatível com a concepção de Elkonin (2009) de que o sentido do jogo protagonizado muda com o desenvolvimento da criança. De início, o sentido está nas ações da pessoa que a criança representa no faz de conta (por exemplo, nas ações que a *mamãe* realiza, como fazer comida e dar banho na boneca) e, mais tarde, nas relações dessa pessoa com outras (no caso de nosso exemplo, nas relações entre a *mamãe* e o *filho*; a mamãe fica brava, aconselha, etc.). Somente entre as crianças mais velhas torna-se possível encontrar o sentido do jogo nas relações sociais e nas atividades típicas da pessoa que representa. Ou seja, não são atividades e/ou comportamentos isolados que a criança representa na brincadeira, mas aqueles que caracterizam o papel representado. A brincadeira pode, assim, tornar-se mais complexa.

O papel da brincadeira no desenvolvimento da criança: imaginação, conhecimento e subjetividade

Em todo esse processo de desenvolvimento, o exercício de papéis e a situação imaginária caracterizam e dão sentido à brincadeira de faz de conta. Nessa perspectiva, é importante considerar que a situação imaginária nunca é uma livre criação das crianças, independente da realidade. Ao contrário, quando observamos a brincadeira de faz de conta, percebemos nela indicadores da experiência social das crianças e do seu conhecimento de mundo.

Quando duas crianças brincam, por exemplo, de mamãe e filhinha, sua brincadeira torna evidente as características da relação entre mãe e filha, uma vez que cada criança age de acordo com o papel que assume. Assim, as ações de cuidar, de repreender, de ensinar, entre outras, cabem à criança que ocupa o papel de mamãe. Por sua vez, chorar, pedir e ser cuidado são ações típicas de quem ocupa o papel de filhinha.

Para Vygotsky (1984, p. 117), no início do desenvolvimento da brincadeira, a situação imaginária "é mais a memória em ação do que uma situação imaginária nova". Dito de outro modo, as crianças começam a brincar reproduzindo situações reais, sendo sua atividade imaginária ainda muito dependente dos objetos concretos e das ações em torno das quais se organiza. Como já vimos, na brincadeira da criança pequena, não é qualquer objeto que pode se transformar em outro, pois é preciso que o objeto comporte o gesto que lhe dará nova significação. Aos poucos, porém, a fala passa a ocupar o papel inicialmente exercido pelo gesto e o simbolismo da brincadeira constitui-se com base nela.

Também é pela palavra que a criança assume seu lugar em relação ao outro, dando forma à situação imaginária. É o que acontece, por exemplo, quando Inês, de cerca de 2 anos e meio, propõe pela primeira vez à mãe que brinquem de mamãe e filhinha. Ela será a mamãe e a mãe, a filha. Começa o jogo dizendo: "Filha, a mamãe vai fazer uma comidinha pra você". A mãe responde: "Tá bom". Inês, então, reivindica, insistindo nesse ponto várias vezes durante o curto tempo da brincadeira: "Fala 'mãe'! Me chama de 'mãe'!"

Vemos, assim, que é pela palavra que se opera a transformação da criança em mãe: é necessário chamar o outro de filho e, por sua vez, ser chamada de mãe. Isso permite que ela construa um novo lugar para si e para o outro, criando uma situação imaginária. "A palavra é, aqui, fundamental para que a criança possa se orientar pelo significado da situação, transcendendo-a" (Cruz, 2002, p. 38).

A significação da situação imaginária se produz pelos gestos e pela linguagem. Dito de outro modo, é quando um gesto ou uma palavra transforma um objeto em outro, uma ação em outra, possibilitando à criança assumir um papel e produzir novas significações na brincadeira, que a situação imaginária se configura.

Na situação imaginária, longe de agir livremente, a criança submete seu comportamento a regras próprias da relação social que recria na brincadeira. Aquilo que na vida cotidiana passa despercebido pela criança torna-se regra de comportamento na brincadeira. Fontana e Cruz (1997, p. 125) lembram que "de acordo com Vigotski, essas regras decorrem da própria situação imaginária. É o fato de assumir determinado papel que induz a criança a submeter seu comportamento a regras".

Tal submissão a regras, típica da situação imaginária, possibilita que a vontade e a capacidade de fazer escolhas conscientes se desenvolvam na criança, já que ambas dependem da capacidade de atuar de acordo com a significação de ações e situações e de controlar o próprio comportamento por meio de regras.

Por isso dizemos que, na brincadeira, a criança pode realizar coisas que ainda não lhe são possíveis na vida cotidiana. Por exemplo, é conhecida a necessidade que crianças pequenas têm de que os adultos recordem-lhes sempre o que podem e devem ou não fazer. É necessário lembrá-las de escovar os dentes, de guardar os brinquedos, etc. Além disso, na maioria das vezes, as crianças pequenas não conseguem planejar antecipadamente o que vão fazer e necessitam de uma autoridade externa para lograr submeter seu comportamento a regras. Ou seja, nas atividades cotidianas, as crianças demonstram dificuldade de controlar o próprio comportamento e de submetê-lo a regras, já que ainda agem em consonância com o contexto imediato, motivadas por objetos e por situações concretas.

Para Vygotsky (1984), a brincadeira cria *zonas de desenvolvimento proximal*, porque, nela, a criança se comporta de modo mais elaborado. A brincadeira possibilita às crianças experimentarem novos modos de agir e de pensar que, aos poucos, serão incorporados às suas atividades cotidianas, transformando-as. Ou seja, ela proporciona espaço para que se elaborem processos psíquicos novos, como a atividade voluntária e a operação com significações, que posteriormente passarão a constituir o funcionamento mental da criança.

O conceito de zona de desenvolvimento proximal foi elaborado por Vigotski com base em uma premissa fundamental de suas elaborações teóricas: a de que o desenvolvimento psicológico depende das condições sociais em que é produzido. Para ele, o desenvolvimento procede do plano interpessoal para o individual. Na atividade partilhada, processos de desenvolvimento estão em elaboração e tornar-se-ão consolidados. Assim, o conceito de zona de desenvolvimento proximal diz respeito a modos de agir e pensar ainda em elaboração na/pela criança que dependem de condições determinadas para ser realizados. Tais condições podem ser tanto a situação de brincadeira quanto a atividade partilhada com parceiros mais experientes.

Leontiev (1988, p. 122) compartilha dessa concepção ao afirmar que a brincadeira:

> [É a atividade] em conexão com a qual ocorrem as mais importantes mudanças no desenvolvimento psíquico da criança e dentro da qual se desenvolvem processos psíquicos que preparam o caminho da transição da criança para um novo e mais elevado nível de desenvolvimento.

Nessa direção, Vigotski (1984) considera que a criação de situações imaginárias é um meio para o desenvolvimento do pensamento abstrato, porque possibilita à criança agir independentemente da situação perceptual imediata e operar no campo das significações. É na brincadeira que, pela primeira vez no desenvolvimento da criança, os objetos perdem sua força determinadora, o que abre caminho para o pensamento conceitual. Este se fundamenta nas significações das palavras historicamente produzidas, e não apenas nos objetos.

Isso nos coloca diante das relações entre processos de elaboração de conhecimento e imaginação. Se na brincadeira desenvolve-se a possibilidade de a criança operar cognitivamente sobre significações, condição fundamental para processos de elaboração de conhecimento, nela também tem lugar o desenvolvimento da atividade imaginativa.

Para Vygotsky (2009), imaginar é recombinar fatos, impressões, imagens que têm origem na realidade vivida. Mas é também poder se distanciar dessa mesma realidade. Quando discute o desenvolvimento da imaginação na infância, o autor afirma que não é possível um conhecimento apurado da realidade sem atividade imaginativa; do mesmo modo, nenhuma criação imaginária é possível sem algum conhecimento da realidade. Em sua perspectiva, imaginação e cognição formam uma unidade. Níveis avançados de conhecimento só se tornam possíveis graças a um distanciamento da realidade imediata proporcionado pela atividade da imaginação; toda criação humana – técnica, científica ou artística – depende do conhecimento sobre a realidade historicamente produzido.

Essa estreita relação entre processos cognitivos e imaginativos é encontrada na brincadeira de faz de conta. Ao criar uma situação imaginária, a criança o faz com base em seu conhecimento sobre a realidade física e social em que vive. Mas, na brincadeira, esse conhecimento é elaborado e reelaborado criativamente, uma vez que a situação imaginária nunca é uma cópia fiel da realidade. Na situação imaginária, a criança pode ocupar o lugar do outro, "ser o outro" (o pai, a mãe, a professora, o motorista), elaborando assim novos sentidos para si própria e para o outro. Relações e atividades humanas são recriadas na brincadeira e, ao mesmo tempo, vão sendo elaboradas como conhecimento das relações e dos valores sociais.

Não podemos esquecer que, além de seu papel no desenvolvimento da cognição e da imaginação e na elaboração de conhecimento sobre a realidade social, a brincadeira é fundamental para o desenvolvimento das relações da criança com os outros e de sua própria subjetividade. Ao brincar, as crianças combinam, opõem-se, coordenam ações, alternam-se, disputam, complementam-se. Nesse processo, as possibilidades de interação com parceiros da mesma idade e mais experientes vão sendo ampliadas, ao mesmo tempo que a criança desenvolve modos próprios de se colocar nessas interações.

Em síntese, como alertam Fontana e Cruz (1997, p. 139):

> Brincar é, sem dúvida, uma forma de aprender, mas é muito mais que isso. Brincar é experimentar-se, relacionar-se, imaginar-se, expressar-se, compreender-se, confrontar-se, negociar, transformar-se, ser. [...] não envolve apenas a atividade cognitiva da criança. Envolve a criança toda. É prática social, atividade simbólica, forma de interação com o outro. Acontece no âmago das disputas sociais, implica a constituição do sentido. É criação, desejo, emoção, ação voluntária.

A brincadeira na prática docente da educação infantil

Elkonin (2009, p. 400) afirma que, de seu ponto de vista, "a importância puramente didática do jogo é muito limitada". Se é possível utilizar a brincadeira com a finalidade de ensinar determinados conteúdos e/ou habilidades às crianças, não é possível ignorar que, em geral, nesse tipo de utilização do jogo, a atividade da criança concentra-se na aprendizagem desses conteúdos e habilidades e não mais no brincar em si, que acaba perdendo seu caráter lúdico e as características que o definem como atividade fundamental para o desenvolvimento cultural da criança.

Como exemplo, o autor cita o professor que organiza o *jogo do armazém* para ensinar às crianças as medidas de peso, trazendo para o grupo uma balança com pesos reais, grãos, sementes etc. As crianças desempenham alternadamente os papéis de vendedores e de compradores, aprendendo assim a pesar, medir, contar, somar subtrair. Numa situação como essa, a atividade das crianças concentra-se nessas operações, enquanto a situação imaginária, o exercício de papéis e a relação entre as pessoas no processo de compra e venda acabam ficando em segundo plano.

Por certo, essa constatação não significa que não se devam desenvolver tais atividades no contexto da educação infantil, mas parece-nos necessário compreender os seus limites enquanto trabalho com a brincadeira propriamente dita. Conforme argumentamos neste capítulo, e retomando as palavras de Fontana e Cruz (1997, p. 139), "vista de perto, com enfoque na criança que brinca, a brincadeira revela-se muito mais complexa, múltipla e contraditória do que leva em conta o princípio didático-pedagógico que associa o brincar ao aprender".

O risco dessa argumentação é orientarmo-nos na direção oposta: se, ao ser didaticamente instrumentalizada, a brincadeira priva-se de suas características fundamentais, importantes para o desenvolvimento da criança, podemos concluir que cabe à escola e à creche tão somente permitir e favorecer a atividade da criança, cabendo à professora apenas observar e acompanhar as brincadeiras das crianças, reservando tempo para elas na rotina escolar e oferecendo-lhes os brinquedos disponíveis.

Porém, se considerarmos que brincar é uma atividade que a criança aprende com o adulto e/ou com parceiros mais experientes; que a brincadeira se desenvolve, tornando-se cada vez mais complexa; que ocupa um lugar central no processo de constituição cultural da criança pequena, outras possibilidades de atuação diante dela podem se configurar.

A observação atenta das ações e dos comportamentos das crianças, em geral, oferecem pistas interessantes sobre essas possibilidades. É o caso, por exemplo, da professora de crianças de 2 a 3 anos de idade que, quando brincam com panelinhas e fogão, repetem inúmeras vezes o movimento de colocar e tirar a panelinha do forno e/ou simplesmente mexem-na com uma colher. Tendo observado por alguns dias essas ações, a professora resolve intervir com o objetivo de promover o desenvolvimento da própria brincadeira.

Intervir na brincadeira exige delicadeza. Exige também conhecer como ela funciona, aproximar-se com cuidado das crianças que brincam, respeitando-as. Demanda disponibilidade para brincar junto. Assim, a professora aproxima-se da "casinha" e pergunta a uma das crianças que mexe a panelinha:

— O que você está fazendo?

A criança responde:

— Comida.

— Hum! Que cheiro bom! Que comida é essa?

— Carne.

— Já está pronta? Posso experimentar um pouquinho?

A criança movimenta a colher com que mexe a panelinha em direção à boca da professora, que finge comer e elogia a gostosura daquela carne. A educadora, nesse caso, experimenta brincar com as crianças. Mas, obviamente, não brinca como outra criança. Ela participa da brincadeira com o objetivo definido de mediar o seu desenvolvimento, atribuindo sentidos às ações das crianças, oferecendo modelos de novas ações, proporcionando o desenvolvimento de um pequeno enredo.

Intervenções como essas, ao oferecerem às crianças outras possibilidades de ação no brincar, promovem o desenvolvimento da brincadeira. A ação de "mexer a panelinha" assume o significado de "fazer comida" e pode ser inserida num contexto significativo mais amplo, em que se brinca de "comidinha": à ação de "preparar a comida" segue-se a de "comê-la ou oferecê-la para outro comer". Com suas intervenções, a professora pode observar as transformações nos modos de brincar das crianças com quem trabalha.

Observar a brincadeira, ensinar a brincar e brincar junto são possibilidades de atuar com as crianças, promovendo o desenvolvimento de sua atividade e auxiliando-as a realizar as inúmeras transições, desde as mais simples ações de faz de conta à assunção de papéis e construção de enredos mais elaborados.

Os objetos e brinquedos que são oferecidos à criança também são fundamentais no desenvolvimento do faz de conta. Conforme já observamos, quanto menor a criança, mais dependente dos objetos é a sua ação lúdica. Nesse sentido, planejar que brinquedos ofereceremos às crianças e de que modo o faremos é outra possibilidade de atuar no desenvolvimento do brincar, na ampliação de temáticas, no incremento de enredos e papéis, na transformação das relações entre as crianças.

É importante lembrar que, com o desenvolvimento da brincadeira, seus temas podem se alargar, indo além da vida doméstica e cotidiana. Episódios da vida social mais ampla ou histórias de ficção podem servir de conteúdos às brincadeiras.

Assim, quando garantimos experiências enriquecedoras para as crianças em relação a diferentes âmbitos da vida social, também estamos lhes oferecendo matéria-prima com a qual sua imaginação pode trabalhar, inclusive ao brincar.

Essas diferentes possibilidades de atuação diante da brincadeira das crianças, entre outras, abrem espaço para uma relação mais orgânica entre o brincar e as demais atividades planejadas e desenvolvidas pelas professoras no âmbito da educação infantil. A brincadeira – espaço privilegiado para a criança se experimentar, se relacionar, elaborar compreensões e sentimentos sobre o mundo e a vida, imaginar e criar, se desenvolver e se constituir como sujeito – talvez possa se tornar núcleo organizador de práticas educativas destinadas às crianças pequenas que ultrapassem tanto o espontaneísmo quanto o cognitivismo, em direção à vivência de uma infância em que os direitos das crianças sejam respeitados, suas necessidades sejam atendidas e o mundo da cultura possa ser-lhes apresentado, em sua riqueza, contradição e diversidade, de modo criativo e sensível.

RELEMBRANDO

No decorrer deste capítulo, argumentamos que:

- A criança aprende a brincar com adultos e/ou com crianças mais velhas. As ações da criança pequena com os objetos se organizam na atividade partilhada com os adultos que cuidam dela, oferecem-lhe modelos, auxiliam-na em suas tentativas de agir sobre os objetos e interpretam suas ações e seus movimentos, atribuindo-lhes significações sociais.

- Na brincadeira, ao agir com um objeto como se fosse outro, a criança torna-se capaz de operar com significados separados dos objetos concretos.

- A brincadeira de faz de conta começa com a execução de ações, geralmente domésticas, pela criança pequena. Aos poucos, ela assume um papel relativamente a essas ações. Em seguida, ganham destaque as relações entre diferentes personagens da brincadeira e os papéis vão se desenvolvendo. No decurso dessas transformações, os temas das brincadeiras podem se ampliar, extrapolando a vida doméstica e cotidiana em direção aos acontecimentos da vida social mais ampla ou às histórias que lhes são contadas e/ou lidas.

Na perspectiva da psicologia histórico-cultural, a brincadeira cria *zonas de desenvolvimento proximal*, uma vez que, nela, a criança se comporta de modo mais elaborado, que ultrapassa o seu comportamento habitual.

Na situação imaginária, a criança submete seu comportamento a regras próprias da relação social que recria na brincadeira. Isso possibilita o desenvolvimento da *vontade* e da capacidade de *fazer escolhas* conscientes, que implicam um agir orientado pela significação de ações e situações e o controle do próprio comportamento por meio de regras.

A criação de situações imaginárias é também um meio para o desenvolvimento do *pensamento abstrato*, porque possibilita à criança agir independentemente da situação perceptual imediata e operar no campo das significações.

Na brincadeira de faz de conta, encontramos uma estreita *relação entre processos cognitivos e imaginativos*. O conhecimento da criança sobre a realidade física e social em que vive é fundamental para a criação de uma situação imaginária na qual esse conhecimento é elaborado e reelaborado criativamente.

A brincadeira é também contexto fundamental para o desenvolvimento das *relações da criança com os outros* e de sua própria *subjetividade*. Assim, tem *papel central no processo de desenvolvimento cultural da criança* e na sua constituição como sujeito.

Nas práticas da educação infantil, circulam concepções contraditórias sobre o brincar, que pode tanto ser compreendido como uma atividade natural da criança, que dispensa qualquer intervenção do adulto, quanto como atividade pedagógica que serve como instrumento para a aprendizagem de determinados conteúdos e/ou habilidades.

Brincar é uma atividade: que a criança aprende com o adulto e/ou com parceiros mais experientes; que se desenvolve, tornando-se cada vez mais complexa; que ocupa lugar central no processo de constituição cultural da criança pequena. Essa compreensão abre outras possibilidades de atuação diante da brincadeira na educação infantil.

SUGESTÃO DE ATIVIDADES

A

Se for possível, organize com suas colegas de trabalho uma discussão sobre o conteúdo deste capítulo. Procurem partilhar sua compreensão sobre as ideias apresentadas e também relacioná-las ao contexto de sua prática educativa.

B

Observe as brincadeiras das crianças com quem trabalha, buscando compreendê-las com base nos conceitos apresentados aqui: como as crianças usam os objetos e os brinquedos; se desempenham ou não papéis no faz de conta; como se relacionam entre si durante a brincadeira; os temas preferidos etc. Em seguida, planeje algumas formas de intervenção que possam contribuir para o desenvolvimento da brincadeira.

C

Avalie, com base na sua experiência e no conteúdo deste capítulo, os espaços e materiais de que as crianças dispõem para brincar em seu contexto de trabalho: em que medida são favoráveis ou não ao desenvolvimento da brincadeira; o que poderia ser modificado para torná-los mais adequados à atividade das crianças. Se possível, discuta suas ideias com colegas de trabalho.

Referências bibliográficas

BROUGÈRE, G. "A criança e a cultura lúdica". In: KISHIMOTO, T. M. *O brincar e suas teorias*. São Paulo: Cengage Learning, 2011.

CRUZ, M. N. *Imaginação, conhecimento e linguagem: uma análise de suas relações numa perspectiva histórico-cultural do desenvolvimento humano*. Tese (Doutorado em Educação), Faculdade de Educação da Universidade Estadual de Campinas, Campinas (SP), 2002.

ELKONIN, D. B. *Psicologia do jogo*. São Paulo: Martins Fontes, 2009.

FONTANA, R. A. C.; CRUZ, M. N. *Psicologia e trabalho pedagógico*. São Paulo: Atual, 1997.

LEONTIEV, A. "Os princípios psicológicos da brincadeira pré-escolar". In: VYGOTSKY, L. S.; LURIA, A. R.; LEONTIEV, A. N. *Linguagem, desenvolvimento e aprendizagem*. São Paulo: Ícone/Edusp, 1988.

MARTINS, I. C.; CRUZ, M. N. "Brincar por brincar ou brincar para aprender? O lugar da brincadeira na educação infantil". *Educação e Fronteiras*, v. 2, n. 4, jul.-dez. 2008, p. 187-202.

OLIVEIRA, Z. M. R.; ROSSETTI-FERREIRA, M. C. "O valor da interação criança-criança em creches no desenvolvimento infantil". *Cadernos de Pesquisa*, n, 87, nov. 1993, p. 62-70.

VYGOTSKY, L. S. *A formação social da mente*. São Paulo: Martins Fontes, 1984.

______. *Imaginação e criação na infância: ensaio psicológico – Livro para professores*. Apresentação e comentários de A. L. Smolka. São Paulo: Ática, 2009.

4

O brincar, a construção de conhecimentos e a convivência

Silviane Barbato
Gabriela Sousa de Melo Mieto

Introdução

Neste capítulo, discutiremos as articulações entre o brincar e os processos de construção de conhecimento em contexto escolar com base na pergunta: "Afinal, por que o brincar é importante na escola?"

Atualmente, sobretudo no sistema educacional norte-americano, os administradores escolares defendem que o brincar tem papel menor na educação, opondo-se a educadores e pesquisadores que entendem que o brincar em atividades como o faz de conta e suas transformações e o pensamento narrativo e as metabrincadeiras podem mediar e apoiar a alfabetização, sendo relevantes para o processo de aprendizado ao longo da escolarização (Christie e Roskos, 2009; Neuman e Roskos, 1992, 1997; Roskos, Christie e Holding, 2010).

Este capítulo propõe:

- As funções do brincar e o processo de escolarização.
- Contextos do brincar.
- Interações inclusivas entre pares e professor mediadas pelo brincar.
- Recursos importantes que podem enriquecer a experiência do brincar.

Acreditamos que o brincar é baseado em ritmos e musicalidade próprios de atividades preferenciais que criam a cultura, do fruir no faz de conta e em jogos de simulação que proporcionam posicionamentos diferentes da criança em relação a si mesma, ao outro e ao mundo, favorecendo as atividades de colaboração, a reciprocidade e a flexibilização das funções de abstração e generalização do pensamento. Assim, o brincar é desencadeado tanto pelas crianças – individualmente ou em grupos – como pelo professor. Espontâneo ou regido por regras estruturadas ou planejadas pelo docente, exerce três funções principais no contexto escolar:

a. O brincar como fruição da imaginação e representação de papéis desencadeia condições de socialização diferenciadas, potencializando construções de conhecimento inovadoras entre pares e possibilitando o companheirismo e as amizades.

b. O brincar é uma atividade que constrói pontes entre o conhecimento informal e o formal apresentado no cotidiano da escola, pois ocorre mediado por objetos e conhecimentos antigos e novos.

c. O brincar pode mediar a construção de conhecimentos específicos e interdisciplinares.

Funções do brincar e o processo de escolarização

Primeiramente, o brincar com fruição da imaginação desencadeia condições de socialização diferenciadas, potencializando construções de conhecimento inovadoras entre pares, crianças da mesma idade e crianças mais velhas – na família, na rua, na comunidade –, gerando experiências estéticas, de companheirismo e amizade. Basta lembrarmos que as crianças parecem ter facilidade de se conhecer pelo brincar. E, logo que estão juntas, não enfocam as distinções ou diferenças entre si, mas seguem princípios próprios da brincadeira, centrados na colaboração e na reciprocidade do fazer junto, em acordos e desacordos que são rapidamente negociados e concretizados na interação.

Essa forma de se socializar constrói uma base importante para o desenvolvimento de interações, sendo utilizada também na escola para entrar na aprendizagem formal, sobretudo nos primeiros anos da escolarização. Enquanto fazem as atividades individuais ou em grupo, notamos uma série de vocalizações e movimentos corporais ritmados, realizados sozinhos ou com colegas, e outras ações não previstas pelo professor, como conversas sobre o trabalho. Exemplo disso é observado quando as crianças se posicionam como vendedor e cliente numa feira ou quando usam um folheto para vender batom (Barbato, 2007; 2008), imaginando-se ali com o amigo e no lugar do outro, talvez de um adulto atuando em outros contextos. As atividades planejadas pelo professor, muitas vezes, suscitam ainda visitas rápidas aos cantinhos de leitura, escrita livre e desenho.

Sobretudo nas séries iniciais da educação infantil e no primeiro ano do ensino fundamental, no recreio, brincam de faz de conta, atuando em funções exercidas por adultos: cuidam das bonecas, dão comida, andam de moto etc. (Andrada, 2004; Barbato, 2008). Também se empurram, riem, negociam brinquedos com os quais querem jogar individualmente, olham a tarefa do colega, se ajudam, emprestam materiais e, entre uma atividade e outra, vão, até mesmo, para debaixo da mesa e inventam um jogo, uma viagem ou repartem o lanche num contexto criado pela imaginação (Barbato, 2006; Cavaton, 2010; Cavaton e Barbato, 2011).

A situação de imaginação contribui para:

- A construção de regras de conduta na concretização da interação.
- A libertação da criança do contexto concreto, direcionando-a a agir na esfera cognitiva, dirigindo seu comportamento também pelo significado da situação e desenvolvendo operações de simbolização de ordem afetiva e lógica.

Brincar na escola é uma atividade que permite aprender sobre si, o outro e o mundo. Ao mesmo tempo, nos anos iniciais, o fazer junto, os ritmos diferenciados e as vocalizações são os instrumentos mediadores preferenciais do aprender, acompanhando a fala egocêntrica e a fala comunicativa que surgem do estar com e entre colegas (Cavaton, 2010; Cavaton e Barbato, 2011).

A função da fruição está relacionada também à experiência estética, sendo observada na brincadeira quando a criança tem a oportunidade de criar mundos possíveis e gerar novos posicionamentos do *self* (Valsiner, 2002; Rosa e González, 2012) pelas narrativas desencadeadas, seja quando brinca sozinha, seja quando brinca interagindo com outras crianças ou adultos armando cenas simbólicas com enredo. A brincadeira que serve ao exercício das posições sociais possibilita que a criança inicie a atividade com base em uma realidade que conhece, acrescentando a sua novidade, exercitando posições em um contexto imaginário quando ainda não podem ser exercidas no dia a dia, muitas vezes por sua condição infantil.

Na pesquisa de Andrada (2004), duas crianças da educação infantil sentam-se numa almofada e fazem de conta que são o motorista e a passageira de uma motocicleta. O menino, de 32 meses, faz que liga a moto e começa a se mexer para os lados e a fazer sons, reproduzindo o barulho da moto em funcionamento. A menina, de 24 meses, também se balança para os lados e, rindo, se levanta e se joga no tatame da sala de aula. Em seguida diz:

— Caiu!

Depois, volta a se sentar na almofada. O menino dirige mais um pouco e rola no chão, gritando, fica deitado e tira o capacete, enquanto a menina o observa. Quando a professora pergunta se ele caiu da moto, ele sai correndo e vai fazer outra coisa.

Em outro episódio, uma menina está brincando com dois fantoches: um que chama de cobra, mas, depois, descobre que é uma borboleta, e um boneco. Quando a professora conversa com o boneco, pergunta:

— Oi, você é uma menina?

A menina, posicionando-se como o boneco, responde:

— Não, sou um menino.

— Um menino! Qual é o seu nome?

— Um boneco.

No primeiro ano do ensino fundamental, enquanto estão aprendendo a ler e a escrever e em atividades de letramento, observamos as crianças comparando, cantando, recitando, rimando, batendo o ritmo com a mão, o corpo ou o pé enquanto repetem ou leem as sílabas que estão sendo trabalhadas com a professora (Barbato, 2006). Utilizam, assim, várias ferramentas multimodais nas interações para se identificar como usuários dos processos de letramento (Wohlwend, 2008).

Dessa forma, as condições especiais de socialização geram a segunda função, que diz respeito ao brincar como atividade-ponte entre o conhecimento informal do cotidiano e o formal apresentado na escola, por ser mediado tanto por objetos e conhecimentos já construídos quanto por novos. Se as crianças estão fazendo algo juntas, estão num espaço especial das negociações, no espaço entre tu e eu. Nessa intersubjetividade, avançam na construção de conhecimento em contextos nos quais aprendem a dividir, a se opor, a escutar, a falar, a cooperar, a respeitar o outro e a si mesmas. Fazem amizade, escolhendo brinquedos para construir o conhecimento de nomear certo objeto ou manter a atenção longamente em como funcionam, como rodam, quicam, quais são suas formas, suas cores, seus sons.

Nesse sentido, ao brincar, as crianças negociam e aprendem, além de adquirir conhecimentos declarativos (nomear, definir etc.) e procedimentais (fazer atividades, resolver problemas, estratégias e sequências de raciocínio etc.).

Surgem, assim, microculturas com crenças (conjunto de ideias que medeiam os fazeres culturais de uma comunidade) e valores. O brincar contribui para a construção da criança sobre quem é, como interpreta o outro e o mundo (Vigotski, 2008), num jogo entre presente, passado e futuro. Promove a abertura para mudanças e transformações, assim como para a permanência de interações democráticas, pois estar entre amigos constrói a reciprocidade.

Em uma turma de crianças de 5 anos de idade, foram observadas algumas interações dentro de sala de aula e também em recreação livre (Mieto, 2010b). Ao compartilharem jogos de regra – como o jogo de memória, que foi manufaturado por eles mesmos, individualmente, durante a aula, para posteriormente brincarem entre si –, foi identificada, na interação dessas crianças, a tendência à competição: quem estava caprichando mais na elaboração, quem estava ganhando a partida, ainda que sob condições de trapaça, burlando o olhar da professora.

Por outro lado, essas mesmas crianças, durante brincadeiras livres, no pátio da escola, compartilharam brinquedos pessoais, levados por alguns deles, e brinquedos coletivos, disponibilizados pela escola. Cenas de jogos simbólicos que giraram em torno de uma boneca, por exemplo, possibilitaram a negociação dos papéis a serem exercidos na brincadeira: duas meninas brincam com uma boneca, trocando sua roupa, fazendo de conta que vão colocá-la para dormir ou alimentá-la.

Um garoto se aproxima e afirma:

— Também quero brincar.

A dona da boneca responde:

— Só se você for o pai.

O garoto responde:

— Pai? Nananinanão! — e se retira correndo.

As interações no brincar possibilitam a observação do outro e a continuidade de aprendizagem de noções de respeito às diferenças, colaboração e competição. No entanto, é importante haver intervenções em brincadeiras que podem representar perigo à criança – como na situação relatada por Carvalho (2007), em que há a reprodução coletiva de ações hostis de crianças da educação infantil em uma escola inclusiva, enquanto experimentam regras de jogos cujas instruções, apesar de explicadas pela professora, não foram compreendidas. As crianças ora direcionam suas ações violentas a uma criança com deficiência intelectual, como quando um colega desfaz um brinquedo dessa criança e, em seguida, outro garoto lhe arremessa agressivamente um objeto e um terceiro a chuta, ora a situação se inverte e a criança com tal diagnóstico direciona suas ações com hostilidade aos colegas, machucando-os.

No exemplo de brincadeira em que os colegas se ferem ou tentam se machucar, a intervenção é necessária para que possam continuar amigos. Todos os participantes do incidente devem ser separados e, depois, é preciso haver uma negociação na qual fique claro o que sentiram e do que não gostaram (Pulino, 2001), visto que é importante que as crianças se expressem e os professores medeiem suas manifestações. Assim, enfrenta-se em conjunto a dificuldade e aprende-se a pedir desculpas e a desculpar.

São situações que, ao contar com mediações adequadas, podem gerar amizades e companheirismo, pois, nessa faixa etária, dos 4 aos 7 anos, as amizades surgem entre as crianças que estão em um mesmo lugar e disponíveis para brincar juntas. Elas entendem que compartilhar essas atividades requer que se gostem para emprestarem os brinquedos umas às outras e sabem que a amizade pode terminar quando não há partilha, quando acontecem agressões ou quando alguém não está mais disponível para brincar (Berk, 2006).

Um grupo de crianças formado por uma menina e três meninos que estudam em uma escola pública, no segundo ano do bloco inicial de alfabetização, conversa com uma pesquisadora sobre o que mais gostam e o que mais os deixa tristes na escola (Mieto, 2010b). A menina relata que fica triste quando "ninguém gosta da gente, ninguém quer brincar com a gente".

A pesquisadora pergunta:

— Acontece isso com você? Acontece isso com mais alguém aqui?

A menina concorda, balançando a cabeça, e completa:

— Só com o A. que não. (A. é um estudante com diagnóstico de deficiência intelectual.)

A pesquisadora pergunta:

— Só com o A. que não? Todo mundo gosta de brincar com você, A.?

Ele balança a cabeça, concordando, e os demais colegas do grupo começam a dizer, um a um, que são os melhores amigos dele. Eles concordam que fazem parte de um grupo de grandes amigos e que se ajudam mutuamente.

As diferenças entre a objetividade das atividades em sala e a liberdade dos pátios e recreio marcam também as possibilidades de construção de conhecimento mediada pela brincadeira. Nas interações, observa-se uma diferença clara entre como as crianças se tratam em ambientes formais – de uma forma competitiva que, por vezes, amplia a diferença – e informais constituídas nas brincadeiras livres em outros espaços.

A terceira função do brincar na escola é mediar o aprendizado de algum conhecimento específico. Com função pedagógica, o lúdico é utilizado como recurso para que a criança, ao tomar contato com um problema, possa ter acesso a procedimentos de resolução deste por intermédio de processos imaginativos, voltando depois à situação concreta com novas possibilidades de compreensão, construindo a sua resolução e resolvendo seu conflito cognitivo. O professor, nesses casos, ao perceber uma dificuldade na apropriação de um conhecimento objetivo, planeja uma brincadeira em que o conhecimento é tratado em um contexto lúdico, que, por sua vez, medeia o aprendizado em andamento. Muitas vezes, o professor nem percebe o que está promovendo, mas desconfia que deu certo ao afirmar: "Eu não entendo como eles cantaram, fizeram tanto barulho e agora parecem ter aprendido muito na aula passada!" (Barbato, 2006).

Um exemplo relacionado à complexidade do aprender juntos pode ser observado em um episódio ocorrido em sala de aula de primeiro ano, em que a atividade desenvolvida foi mediada por uma canção infantil que as crianças conheciam. A professora levou a música para todos cantarem, entregando a cada um uma cópia individual da letra, e, em seguida, foi lendo com eles. Enquanto liam, ouvia-se muito barulho, pois as crianças recitavam trechos da música ou de uma palavra, balançavam-se nas cadeiras e batiam com o lápis na mesa para separar as sílabas ou recitar a família de uma sílaba em particular.

Na aula seguinte, a professora ficou impressionada com o bom trabalho desenvolvido pela turma quando trouxe uma cópia da mesma canção, porém sem algumas palavras que ela escolhera para ser trabalhadas com mais cuidado. Enquanto ela lia a canção, também escrita no quadro, parando para trabalhar as palavras que faltavam, as crianças seguiam a leitura. Preenchiam suas folhas individualmente e recitavam, reproduzindo a seu modo os sons dos fonemas como a professora os ensinara; rimavam sequências silábicas individualmente e, às vezes, conversando com colegas; apontavam para o quadro ou para o alfabeto exposto com figuras correspondentes nas paredes da sala, enquanto o ritmo era marcado com o pé e com movimentos corporais.

Quando o barulho ficava intenso, a professora chamava a atenção das crianças, introduzindo também uma batida sequencial do giz no quadro, recitando a palavra que estava sendo escrita, aumentando o volume da voz ou cantando a música a fim de despertar a curiosidade dos alunos, fazendo-os fixar o olhar no quadro e na tarefa com qualidade diferenciada.

Outra brincadeira introduzida pelo professor foi observada em uma sala de aula inclusiva no terceiro mês do primeiro do ano do bloco inicial de alfabetização (Mieto, 2010b). A aula acabara de ser iniciada e a turma contava, também, com crianças de 6 anos com Síndrome de Down, que, como os demais colegas, permaneciam nas carteiras, levantando-se e sentando-se novamente, demonstravam estar prestando atenção à professora, que dava comandos coletivos, e distraiam-se explicitamente, virando-se para trás para conversar com outra criança ou manuseando algum objeto.

Ao realizar a contagem do número de alunos presentes, a professora solicitou que as crianças a ajudassem. A turma toda acompanhou em coro: um, dois, três... Um dos meninos com Síndrome de Down acompanhou o coro, embora não nomeasse acertadamente a contagem, e seguiu apontando aluno por aluno, até que a contagem terminou. Isso mostra que, nesse lugar coletivo da construção do saber que utiliza princípios do brincar, foi possível a essa criança com diagnóstico de deficiência intelectual apropriar-se de conhecimentos sociais próprios da cultura, participando com os colegas sem ser colocada em destaque diante dos demais. A criança foi incluída.

> A Secretaria de Educação do Distrito Federal, seguindo as orientações do Ministério da Educação, lançou o Bloco Inicial de Alfabetização (BIA) para implantar o ensino fundamental de nove anos. O documento norteador (GDF, 2006) considera a tríade alfabetização/letramento/ludicidade o eixo integrador do projeto, colocando em prática o sistema de ciclos para os primeiros anos do processo de alfabetização: primeiro ano, crianças de 6 anos; segundo ano, crianças de 7 anos; terceiro ano, crianças de 8 anos.

Contextos do brincar

As crianças de 5 e 6 anos de idade estão em transição da educação infantil para o ensino fundamental. Isso nos permite observar e compreender como a experiência é construída nas interações mediadas por brincadeiras e de que forma se desencadeia a construção de microculturas e mudanças nas interpretações de si, dos outros e do mundo.

As interações construídas em brincadeiras tornam-se espaços privilegiados para observarmos as mudanças que ocorrem e como os discursos e atuações dos diferentes interlocutores são construídos com base em funções e usos históricos preferenciais em dada cultura e, ao mesmo tempo, como podem estar abertos a inovações - dependendo das mediações que são construídas. A convivência entre pessoas diferentes que se encontram em espaços informais e formais, ao longo de um período, provoca embates e negociações entre as crianças, entre as crianças e os professores e entre o que elas conhecem e o que passam a conhecer em diferentes contextos.

As brincadeiras, na convivência com a diversidade, podem gerar reflexões nas próprias crianças, novas atuações e reverberações que impulsionam futuras concepções em momentos cada vez mais precoces do desenvolvimento, permitindo, por exemplo, que crianças entre 5 e 7 anos de idade elaborem reflexões sobre a sua maneira de ser no mundo, como relatado no episódio a seguir (Mieto, 2010b):

Pesquisadora: — Vocês acham bom ter um coleguinha com dificuldades na sala de vocês?

Todos: — Não!

Pesquisadora: — Por que não?

Menina 1:— Porque é ruim demais, eles não pintam, eles fazem rabiscado.

Pesquisadora: — Mas isso é ruim para eles ou vocês queriam que eles não estivessem na sala de vocês?

Menina 1: — Eu acho ruim porque eles são assim, eu queria que eles fossem *igual* a nós.

Menina 2: — Mas cada um tem o seu jeito.

Esse episódio ilustra que estar com o outro, constituindo espaços de interação, engloba um conjunto de atividades, artefatos, conceitos e fenômenos psicológicos que envolvem determinado grupo social (Ratner, 2002) e que se concretizam na vida desse grupo em ações, pensamentos, emoções e valores morais das pessoas (Wang e Brockmeier, 2002) que dele participam, identificando-se entre si, num conjunto que forma um "tecido de significados que guia as condutas e permitem entender as experiências" (Rosa, 2000, p. 82).

Interações inclusivas entre pares e professor mediadas pelo brincar

A brincadeira no contexto educacional promove condições diferenciadas de socialização entre colegas com diferentes possibilidades de locomoção, audição, fala, visão e também formas de raciocínio, impulsionando mudanças de qualidade no processo educacional (Mieto, 2010a). Ao observarmos as crianças brincando no recreio, notamos que suas atividades lúdicas podem mudar concepções sobre quem brinca e sobre como constroem conhecimento em interação, direcionando as atitudes para o desenvolvimento de autonomia, inclusão e cidadania e não de dependência e segregação. As crianças brincam com a participação de todos: as que estão em cadeiras de roda rodam com a ajuda dos colegas, acompanhando o ritmo do grupo; as com deficiência intelectual participam com os pares, construindo o fruir do grupo. Além disso, as tentativas de comunicação entre crianças ouvintes e surdas, durante o brincar, possibilitam o acesso a alternativas de comunicação em que aprendem a interagir por meio da Língua Brasileira de Sinais (Libras).

A brincadeira amplia as condições de socialização democráticas, contribuindo para a mudança de crenças e valores necessária ao avanço

Atenção!

A participação ativa das crianças nas atividades é importante para desenvolver a agencialidade – condição de um sujeito carregar ou sofrer o ônus da atividade (Castro e Rosa, 2007). O conceito é central para a compreensão da socialização humana e nos leva, diante do trabalho inclusivo, a valorizar todas as interações observadas. Tanto no ambiente formal da escolarização – a sala de aula – ou informal, como pátios, quadras de esporte ou parques de recreação, ao mediar – e para mediar – o conhecimento formal é imprescindível que o professor, o outro mais experiente da relação ensino-aprendizagem, possa organizar a sala de aula e os espaços de brincar visando à promoção de condições amplas de interação das crianças entre si e entre os demais participantes desses contextos.

da convivência de todos. Em sala de aula, nos momentos em que estão em atividades individuais, mas sentadas em duplas, trios ou quartetos, observam-se trocas que seguem os princípios da brincadeira enquanto a tarefa é feita.

Muitas vezes, quando as crianças têm dificuldades motoras e de comunicação, por exemplo, é necessário que as aproximações com toda a turma e com outros estudantes, além de profissionais como o pessoal da limpeza e segurança, sejam feitas com base em estratégias planejadas pelos professores. Olhar-se, trocar experiências, brincar de enviar recados escritos e desenhos, leituras – individuais, silenciosamente ou em voz alta, em jogral – e discussão de tópicos de interesse da comunidade permitem o desenvolvimento do conhecimento, o intercâmbio de saberes e as amizades.

Em uma sala de integração de crianças de primeiro e segundo anos do ensino fundamental, Gil (2009) organizou várias sessões de diálogos sobre paralisia cerebral. As rodas de conversa foram organizadas para que toda a turma interagisse entre si e com o menino Miguel (que tinha diagnóstico de paralisia cerebral) e a pedagoga que o acompanhava todos os dias em sala de aula. As sessões incluíram também a demonstração de modos de expressão de Miguel, como gestos convencionados e o uso da prancha de letras, valorizando a participação prática das crianças da turma.

As rodas permitiram que as crianças interagissem mais, por meio de brincadeiras e jogos em duplas e trios em que simulavam o uso da prancha de comunicação e gestos convencionais. Seguindo um breve roteiro de comunicação com Miguel, era possível realizar comparações e construir alternativas e perguntas. Os alunos também ensaiaram algo que gostariam de dizer a ele: como você brinca com Miguel? Como você brinca com _______ (deveriam escolher outro colega)? Como conversa com Miguel? Como conversa com o colega que escolheu? Escreva uma pergunta que gostaria de fazer para Miguel. Escreva uma pergunta que gostaria de fazer para o colega que escolheu. Escreva algo que gostaria de dizer a Miguel. Escreve algo que você gostaria de dizer ao colega que escolheu.

Não é raro que se neguem às crianças com diferentes necessidades especiais – sejam físicas, sensoriais ou intelectuais – situações de brincar livre, como se tais atividades representassem perda de tempo e dependessem de estar de fato incluídas no grupo, inclusive no ambiente de sala de aula.

Em geral, isola-se num determinado canto da sala as crianças que precisam de apoio de equipamentos como computadores e cadeiras de rodas. Crê-se que o barulho produzido pelos equipamentos atrapalharia os colegas e dificultaria sua participação em brincadeiras espontâneas que ocorrem em sala de aula, assim como naquelas planejadas pelo professor. Porém, é importante que todos participem, visto que as brincadeiras envolvem uma série de outras ações não previstas que abrem oportunidades de fruição e aprendizagem colaborativa.

Quando se trata de crianças com deficiência intelectual, por causa da preocupação com a aprendizagem formal e com os processos de abstração, tende-se a disponibilizar a elas somente brinquedos pedagógicos, estruturados, que facilitem seu contato com cores, formas, letras, números, tamanhos e alguns hábitos de vida cotidiana, como amarrar um cadarço ou abotoar as roupas de um boneco, além de leitura de cartilhas ou figuras e palavras e atividades de colagem em exercícios repetitivos camuflados de brincadeiras. Tudo isso em nome de uma bem-intencionada aprendizagem.

Assim, nesses contextos que zelam pela aprendizagem e pelo desenvolvimento das crianças com deficiência intelectual, são raras as oportunidades que elas têm de brincar espontânea e simbolicamente (Pinto e Góes, 2006) sem que isso seja encarado pelos adultos como algo que não contribui para seu desenvolvimento cognitivo nem para o seu futuro profissional. Daí a necessidade de mantê-las espacialmente dentro do grupo e organizar as áreas de leitura e brincadeiras livres acessíveis a todos, com dispositivos que possam auxiliar o grupo a participar das atividades formais e informais, livres e estruturadas, no cotidiano escolar.

Infelizmente, o senso comum prega que as pessoas com deficiência não podem ser educadas. Por isso, determinadas práticas culturais requerem crítica e vigília permanente para que não intervenham na cultura inclusiva que se constrói.

Atualmente, às pessoas com deficiências físicas e sensoriais bastaria, primordialmente (mas não apenas) o apoio de pessoal especializado e equipamentos necessários, incluindo o acesso à língua de sinais e ao braile, para que avancem na construção de uma autonomia possível com independência intelectual. No entanto, quando relacionadas às pessoas com deficiência intelectual, essas crenças ditam que teriam menos condições de desenvolver suas funções psicológicas superiores.

Contrapondo-se à perspectiva que julga necessário isolar as pessoas com deficiência intelectual por serem potencialmente não educáveis, há uma linha de pensamento afirmando que as dificuldades encontradas não ocorrem apenas por uma impossibilidade orgânica, mas, sobretudo, pelas condições segregacionistas das relações sociais construídas no contexto em que vivem – ou seja, pela falta de oportunidade de circulação e interlocução cotidianas, visto que tendem a ser isoladas do convívio ativo com seus colegas, vizinhos, familiares.

Essa linha de pensar o desenvolvimento diferenciado defende que a mudança das condições de interlocução ativa estimula o indivíduo a compensar suas dificuldades (Vigotski, 1995). Assim, a participação de fato dessas pessoas em todos os contextos cotidianos, inclusive brincar e aprender na comunidade, na família e na escola, medeia mudanças importantes para seu desenvolvimento e aprendizagem. Diante de diferentes oportunidades, o potencial de desenvolvimento torna-se ilimitado.

Ao acompanhar longitudinalmente seis bebês com diagnóstico de Síndrome de Down, entre 12 e 21 meses de idade, Cárdenas (2012) observou que os primeiros usos simbólicos realizados por essas crianças, em interações triádicas estabelecidas entre suas mães e objetos de uso no cotidiano do brincar, emergem em momentos diferenciados da vida, dependendo de como os sistemas comunicativos e semióticos lhes são apresentados e mediados.

Considerando a importância da influência cultural e das relações sociais para que haja desenvolvimento e aprendizagem, devemos ter em mente que a pessoa com deficiência intelectual deve participar do contexto educacional como qualquer outra: para socializar-se, participar, aprender e ensinar, contribuindo e cooperando.

É necessário, assim, introduzir mudanças no planejamento e no monitoramento das atividades em sala de aula, para que as crianças não sejam incluídas apenas fisicamente e excluídas do processo de aprendizagem. Deve-se planejar com cuidado tarefas que são resolvidas separadamente do resto da turma, buscando inseri-las nas atividades que todos estão realizando, tendo em vista encontrar um equilíbrio participativo.

No processo de inclusão, os principais recursos utilizados na escolarização da pessoa com deficiência intelectual relacionam-se a materiais mediadores concretos, com os quais esses estudantes podem apoiar o desenvolvimento de raciocínio, percepção, atenção, memória e linguagem, visando, processualmente, internalizá-los. Assim, recursos pedagógicos, materiais e processos psicológicos comuns a todos os seres humanos relacionam-se. Ressalte-se que o uso desses materiais tende a perdurar no desenvolvimento das pessoas com deficiência intelectual, sendo importante alterná-los com o acesso às atividades que as outras crianças realizam em sala, incluindo jogos e brincadeiras.

Nos processos de letramento, por exemplo, deve-se possibilitar que a pessoa com deficiência intelectual utilize, para formular palavras, frases ou pequenos textos, os alfabetos móveis, que consistem em letras do alfabeto confeccionadas em diversos materiais, como madeira ou EVA, além de ferramentas concretas para a construção de conhecimentos como a matemática.

Recursos importantes que podem enriquecer a experiência do brincar

Na educação infantil, a brincadeira é mais relevante que no ensino fundamental (Dantas e Maciel, 2010), sobretudo quando considerados os primeiros anos desse segmento. O avanço nos anos escolares costuma reduzir os espaços e os tempos do brincar (Borba, 2006), quase sempre restritos à brincadeira como instrumento pedagógico, limitando-se ao treino, ao entretenimento de preferência individual e sem verbalizações. O objetivo é manter as crianças quietas em vez de direcionadas para criar e produzir conhecimento e autonomia na resolução de problemas.

Hoje, além das brincadeiras tradicionais livres e geradas com finalidades educativas formais – incluindo os vídeos utilizados para desencadear atividades de aprendizagem em diferentes níveis da escolarização –, os professores contam com uma série de outras possibilidades, sobretudo com as novas tecnologias de informação e comunicação, que podem auxiliar a mudança da prática desse profissional que se encontra em transição (Ball, 1995).

As atividades lúdicas na internet devem contar com um aparato de segurança para que as crianças possam trabalhar tranquilamente. Criadas por professores, tais atividades incluem leituras e escrita de narrativas multimodais, assim como, com planejamento adequado e cuidadoso, as narrativas transmídia – que partem de uma história inicial em livro, oral ou em filmes e migram para outras mídias.

Por vezes, e de modo crítico, os professores podem planejar o trabalho com as narrativas transmídia incluindo o uso de *videogames*. Mas mesmo sem o acesso a jogos coletivos ou com visitas ao laboratório de informática que têm poucos computadores, as imagens podem ser projetadas com um *datashow* ligado a uma televisão ou ao computador.

Assim, a leitura e a escrita encontram outros suportes que possibilitam uma alternância entre a leitura tradicional, em livros e textos impressos, e a leitura e a escrita digitais, que se expandem com recursos multimodais e também para os hipertextos.

Essas mudanças partilham princípios com os *games*, tornando as aulas diferentes, pois as crianças podem colaborar, trabalhar em duplas ou trios, transformar um texto de uma mídia para outra – fazendo o que se denomina *crossmedia* –, construir textos usando sons e imagens, colocar imagens em movimento e adicionar música.

Os celulares podem ser utilizados com parcimônia para gravar entrevistas ou imagens para a montagem de um mural, uma atividade específica, uma discussão temática. No entanto, é importante pedir autorização antes de filmar ou fotografar as crianças, garantindo ainda que a veiculação de imagens fique restrita aos muros da escola. Aliás, todas essas propostas precisam de acompanhamento reflexivo e crítico dos professores e de discussões sobre o próprio fazer da internet e sobre a qualidade dos sites de busca e das informações encontradas.

Tais mudanças estão levando a uma nova compreensão do que é leitura e escrita e de como desenvolver técnicas de leitura, compreensão textual e produção textual que evitem a simples cópia ou o plágio. Com os *e-books*, o próprio conceito de livro está mudando (Lamb, 2011).

RELEMBRANDO

Ao longo deste texto, discutimos algumas funções do brincar com o propósito de refletir sobre a importância dessa atividade no cotidiano escolar. Três funções mereceram destaque:

- O brincar como fruição da imaginação e representação de papéis desencadeia condições de socialização diferenciadas, potencializando construções de conhecimento inovadoras entre pares e possibilitando o companheirismo e as amizades.

- O brincar como atividade que constrói pontes entre o conhecimento informal e formal apresentado no cotidiano da escola, pois ocorre mediado por objetos e informações antigos e novos.

- O brincar como mediador da construção de conhecimentos específicos e interdisciplinares.

Ainda sobre as funções do brincar gostaríamos de relembrar que:

- Elas não são estanques, mas dialogam entre si, articulando-se no processo de escolarização e no desenvolvimento de crianças e adultos em interação;

- Os contextos de brincadeira geram condições de socialização diferenciadas, em que crianças e adultos podem conhecer mais sobre si e sobre o outro, potencializando o conhecimento de objetos diferenciados e inovadores, sejam eles parte do saber formal construído historicamente ou das formas de se relacionar com o outro compartilhados por determinada cultura.

- Condições especiais de socialização, como é o caso das diversas experiências de interações inclusivas vivenciadas nas escolas, quando mediadas pelo brincar – espontâneo ou regido por regras estruturadas ou mesmo planejadas pelo professor –, possibilitam que crianças e adultos experimentem, no espaço lúdico, o jogo de posicionamentos necessários aos desafios impostos pela realidade.

SUGESTÃO DE ATIVIDADES

O desenvolvimento humano se dá em virtude das constantes interações das pessoas com seus pares, transformando-se e sendo transformadas pela cultura. Em nossa sociedade, as produções cinematográficas representam uma importante forma de manifestação cultural, possibilitando a reflexão sobre nosso cotidiano, nossas práticas e relações. Destacamos a existência de obras que tratam da infância e também da inclusão – aspectos da realidade em constante transformação – e sugerimos que você assista a algumas delas para continuar refletindo sobre como o brincar contribuiu para a construção de conhecimentos e para a convivência.

Indicamos a seguir alguns filmes: *O ano em que meus pais saíram de férias* (Brasil, direção de Cao Hamburger, 2006); *Colegas – O filme* (Brasil, direção de Marcelo Galvão, 2012); e *Cordas* (Espanha, direção de Pedro Solís, 2013), que recebeu o Prêmio Goya 2014 na categoria de melhor curta-metragem de animação espanhol. Com que outros filmes você completaria a lista? De que maneira essas obras de arte nos ajudam a responder por que é importante brincar na escola da vida real?

Referências bibliográficas

ANDRADA, L. P. de. *Interação e construção de conhecimento em situação de roda na educação infantil.* Dissertação (Mestrado em Psicologia), Programa de Pós-Graduação em Psicologia, Universidade de Brasília, Brasília (DF), 2004.

BALL, A. "Teachers' developing philosophies on literacy and their use in urban schools". In: LEE, C.; SMAGORINSKY, P. (orgs.). *Vygotskian perspectives on literacy research.* Cambridge: Cambridge University Press, 1995, p. 1-18.

BARBATO, S. *Diário do pesquisador.* Brasília: Universidade de Brasília, 2006.

______. "Letramento: conhecimento, imaginação e leitura do mundo nas salas de inclusão de crianças de 6 anos no ensino fundamental de nove anos". In: SCHOLZE, L.; RÖSLING, T. M. (orgs.). *Teorias e práticas de letramento.* Passo Fundo: Editora da Universidade de Passo Fundo e Inep, 2007, p. 273-87.

______. *Integração de crianças de 6 anos no ensino fundamental.* São Paulo: Parábola, 2008.

BERK, L. *Child development.* Boston: Pearson, 2006.

BORBA, A. M. "O brincar como um modo de ser e estar no mundo". In: BRASIL. Ministério da Educação (org.). *Ensino fundamental de nove anos – orienta-*

ções para a inclusão da criança de 6 anos de idade. Brasília: FNDE, 2006, p. 33-45.

CÁRDENAS, K. *Primeros usos simbólicos de niños con síndrome de Down en contextos de interacción tríadica: un estudio longitudinal entre los 12 y 21 meses de edad*. Tese (Doutorado em Psicologia), Universidad Autónoma de Madrid, Madri, Espanha, 2012.

CARVALHO, E. N. *Interação entre pares na educação infantil: exclusão-inclusão de crianças com deficiência intelectual*. Tese (Doutorado em Processos de Desenvolvimento Humano e Saúde), Universidade de Brasília, Brasília (DF), 2007.

CASTRO, J.; ROSA, A. "Psychology within time: theorising about the making of sociocultural psychology". In: VALSINER; J.; ROSA, A. (orgs.). *The Cambridge handbook of social-cultural psychology*. Nova York: Cambridge University Press, 2007, p. 66-81.

CAVATON, M. F. F. *A mediação da fala, desenho e escrita na construção de conhecimento da criança de 6 anos*. Tese (Doutorado em Processo de Desenvolvimento Humano e Saúde), Universidade de Brasília, Brasília (DF), 2010.

CAVATON, M. F. F.; BARBATO, S. "A fala egocêntrica da criança de 6 anos na construção coletiva da escrita". *Revista Acolhendo a Alfabetização nos Países de Língua Portuguesa*, v. 1, n. 11, set. 2011, p. 78-102.

CHRISTIE, J.; ROSKOS, K. "Play's potential in early literacy development". In: TREMBLAY, R. *et al.* (orgs.). *Encyclopedia on Early Childhood Development* (*online*), 2009, p. 1-6. Disponível em: <http://www.child-encyclopedia.com/documents/Christie-RoskosANGxp.pdf>. Acesso em: 12 ago. 2013.

DANTAS, A. G.; MACIEL, D. "Ensino fundamental de nove anos e a inserção de crianças de 6 anos na escolarização obrigatória no Distrito Federal: estudo de caso". *Educação & Sociedade*, v. 31, 2010, p. 157-75.

GDF. *Bloco Inicial de Alfabetização: proposta pedagógica*. Brasília: SEDF, 2006.

GIL, I. L. C. *Processos comunicativos de uma criança no contexto escolar*. Tese (Doutorado em Processos de Desenvolvimento Humano e Saúde), Universidade de Brasília, Brasília (DF), 2009.

LAMB, A. "Reading redefined for a transmedia universe". *Learning & Leading with Technology*, v. 39, n. 3, 2011, p. 12-17.

MIETO, G. S. M. *Virtuosidade em professores de inclusão escolar de crianças com deficiência intelectual*. Tese (doutorado em Processos de Desenvolvimento Humano e Saúde), Universidade de Brasília, Brasília (DF), 2010a.

______. *Diário do pesquisador*. Programa de Pós-Graduação em Processos de Desenvolvimento Humano e Saúde. Brasília: Universidade de Brasília, 2010b.

NEUMAN, S.; ROSKOS, K. "Literacy knowledge in practice: contexts of participation for young writers and readers". *Reading Research Quartely*, v. 32, n. 1, 1997, p.10-32.

______. "Literacy objects as cultural tools: effects on children's literacy behaviors in play". *Reading Research Quartely*, v. 27, n. 3, 1992, p. 202-25.

PINTO, G. U.; GÓES, M. C. R. de. "Deficiência mental, imaginação e mediação social: um estudo sobre o brincar". *Revista Brasileira de Educação Especial*, v. 12, n. 1, 2006, p. 11-28.

PULINO, L. H. C. Z. "Gestão democrática da instituição de educação infantil: a experiência da Vivendo e Aprendendo". *Em Aberto*, v.18, n. 73, 2001, p. 131-35.

RATNER, C. *Cultural psychology: theory and method.* Nova York: Kluwer Academic-Plenum, 2002.

ROSA, A. "Entre la explicación del comportamiento y el esfuerzo por el significado: una mirada al desarrollo de las relaciones entre el comportamiento individual y la cultura". *Revista de Historia de la Psicología*, v. 21, n. 4, 2000, p. 77-114.

ROSA, A.; GONZÁLEZ, F. "Citizen, virtues and self in multicultural societies. A view of the embodiment of values in the development self". In: BRANCO, A.; VALSINER, J. (orgs.). *Cultural psychology of human values.* Charlotte: Information Age, 2012.

ROSKOS, K.; CHRISTIE, J.; HOLDING, A. "Three decades in: priming for meta-analysis in play-literacy research". *Journal of Early Childhood Literacy*, v. 10, n. 1, 2010, p. 55-96.

VALSINER, J. "Forms of dialogical relations and semiotic auto regulation within the self". *Theory and Psychology*, v. 2, n. 12, 2002, p. 251-65.

VIGOTSKI, L. S. "Fundamentos de defectología". *Obras completas.* v. V. Havana: Pueblo Y Educación, 1995.

______. "A brincadeira e o seu papel no desenvolvimento psíquico da criança". *Revista Virtual de Gestão de Iniciativas Sociais* (*online*), n. 8, 2008, p. 23-33.

WANG, Q.; BROCKMEIER, J. "Autobiographical remembering". *Culture & Psychology*, v. 8, n. 1, 2002, p. 45-64.

WOHLWEND, K. "Play as a literacy meaning of possibilities: expanding meanings in practices, materials, and spaces". *Language Arts*, v. 85, n. 2, 2008, p. 127-36.

5

Imaginação no faz de conta: o corpo que brinca

Daniele Nunes Henrique Silva
Marina Teixeira Mendes de Souza Costa
Fabrício Santos Dias de Abreu

Introdução

Este capítulo propõe:

- Identificar a criação infantil como dimensão fundamental para o desenvolvimento, em que as dimensões do pensar, do imaginar e do sentir se interconectam na experiência ontogenética.
- Explorar a brincadeira como uma das principais atividades criadoras elaborada pela criança.
- Entender o brincar como esfera de expressão sobre a cultura, envolvendo complexos processos de simbolização que são fundamentais para o desenvolvimento cognoscitivo, afetivo e est(ético) das crianças pequenas.
- Apresentar as relações entre corpo-brincante e processos de flexibilização do objeto (o brinquedo) e assunção de papéis presentes na atividade lúdica.

Ao pensarmos sobre a imaginação infantil no espaço escolar, deparamos com lacunas investigativas resultantes de poucas pesquisas relacionadas ao tema. Até o final do século XX, por exemplo, as questões relacionadas aos elementos que envolviam os processos criativos da criança pequena eram timidamente estudadas (Silva, 2006; Silva, 2012). Além disso, as escolas, de modo geral, não valorizavam em suas práticas pedagógicas a vivência criadora, sensível e estética de alunos e professores. Isso decorria de uma série de fatores interdependentes, entre eles:

- Herança cartesiana no modo de compreender os processos de ensinar e aprender, pautados na dissociação corpo-mente.
- Formação técnica dos professores voltada para temas que privilegiavam o conteúdo formal.
- Ênfase educacional na fragmentação do saber produzido historicamente em grades disciplinares.

Mais recentemente, em particular nas últimas duas décadas, no Brasil, a temática dos processos criativos, da estética sensível etc. vem ganhando relevância na implementação de políticas públicas para a educação básica (Brasil, 1997; Brasil, 1998; Brasil, 2010). Isso demarca uma reflexão importante na discussão sobre a temática.

De fato, essas iniciativas apontam para novos caminhos e indagações sobre o espaço educacional e se constituem como propositivas (re)invenções acerca da atividade criadora e sua articulação com o processo de construção de conhecimento coelaborado pela(s) criança(s) na sala de aula.

A partir da década de 1990, notamos o surgimento de uma concepção sobre a infância que passou a orientar as propostas educacionais na direção de uma maior articulação das dimensões do cuidar e do educar (Kramer, 2005). Essa compreensão sobre o universo infantil ressaltou a importância das criações e produções realizadas pelos pequenos: o brincar, o desenho, a narrativa etc., enfatizando sua origem cultural (Steinberg e Kincheloe, 2001; Faria, Demartini e Prado, 2002; Arce e Duarte, 2006; Silva, 2012; Costa, Silva e Souza, 2013).

Além desses aspectos, vêm surgindo estudos que valorizam a experiência estética implicada nos processos criativos infantis. Tais estudos, delineados ao longo da última década, enfatizam a dimensão embrionariamente artística das produções dos pequenos (Tezza, 1996; Cruz, 2002; Leite, 2004; Silva, 2006).

Observamos que, para os pesquisadores da área, o ato de brincar articula-se a uma ação imaginativa, pautado em uma vivência corporal, estética e criadora que vai além das competências rotineiras da própria criança, alargando suas experiências culturais e sensíveis. Nesse novo cenário investigativo, o brincar assume relevância, pois o brinquedo coloca a criança à frente de suas condições reais de vida. Por meio dele, a criança pode ser o que não é e transitar por universos que não pode explorar diretamente. Nesse sentido, o brincar é uma instância típica expressada pela potencialidade imaginativa que pode ser desdobrada, em sua base interpretativa, para a análise de outras atividades que envolvam a articulação entre o real e a fantasia no desenvolvimento infantil.

Em textos anteriores (Silva, 2006; Souza e Silva, 2010; Costa e Silva, 2012 entre outros), abordam que o tema da brincadeira de faz de conta abre caminhos interpretativos para compreensão dos processos de simbolização infantil articulados com a arte, particularmente, o campo da arte popular (Silva, 2012a). Por isso, temos investido nossas análises nas interfaces entre o brincar, a cultura e o teatro (popular) como forma de identificar e refletir sobre o que estamos dizendo quando afirmamos, dentro da perspectiva histórico-cultural, que o brincar emerge de condições sociais dadas.

Afinal, como se articulam o brincar e a cultura (e vice-versa)?

Nossas respostas têm nos levado a um estudo mais atento e interdisciplinar sobre arte e desenvolvimento humano.

Imaginação, atividade criadora e desenvolvimento infantil: entre as condições do real e as possibilidades da imaginação

Os esforços para compreender a imaginação e toda a complexa configuração conceitual que a envolve, na maioria das vezes, foram apresentados de forma difusa e não complementar nas distintas análises teóricas apresentadas ao longo da história.

No século XX, o tema da imaginação chamou a atenção de diversos pesquisadores, entre eles, os psicólogos russos precursores da abordagem histórico-cultural: Lev Seminovich Vigotski (1896-1934) e Alexei Leontiev (1903-1979).

Lev Seminovich Vigotski nasceu em 1896, na cidade de Orsha, na extinta União Soviética. Cresceu em um ambiente de profunda estimulação intelectual, interessando-se desde cedo pelo estudo e pela leitura. Formou-se em direito em 1917. Mais tarde, buscando compreender o funcionamento psicológico do homem, estudou Medicina. Sua produção acadêmica e suas atividades profissionais são marcadas por uma forte dinamicidade, tendo pesquisas e publicações nas áreas de psicologia, pedagogia, filosofia, literatura, deficiência e arte. Morreu, precocemente, com 37 anos (Oliveira, 2010). Vigotski formulou os princípios basilares do que hoje conhecemos como psicologia histórico-cultural.

Alexei Nikolaevich Leontiev: toda a vida intelectual de Leontiev esteve ligada à Universidade Estadual Lomonosov, de Moscou. De 1924 a 1930, trabalhou de forma muito próxima com Vigotski. Estudou a memória e a atenção deliberadas, e desenvolveu sua própria teoria da atividade, que ligava o contexto social ao desenvolvimento. Faleceu em 1979.

Fonte: http://www.marxists.org/portugues/leontiev/

Vigotski preocupou-se em compreender o papel da atividade criadora no processo de desenvolvimento humano. Para ele, a imaginação está intimamente relacionada à produção da imagem e à memória. De fato, cada um de nós tem a capacidade de reproduzir normas já criadas e, além disso, fazer ressurgir resquícios de experiências vividas.

Porém, a imaginação não é somente a reprodução de situações vividas ou acumuladas anteriormente (como rastros de antigas impressões, diria Vigotski). A imaginação é, sobretudo, a capacidade de criarmos elementos novos no real!

O processo de criação está, portanto, regulado pela capacidade imaginativa de configurar na cultura algo inaugural/criado. Nós, seres humanos, ao contrário dos animais, podemos alterar paisagens naturais, transformando nosso modo de nos relacionarmos com a realidade, criando a própria realidade.

Para Vigotski (2009), o principal fator psicológico do desenvolvimento da função imaginativa baseia-se na necessidade que experimentamos de adaptação ao meio que nos cerca. Se o ambiente não oferecesse nenhum obstáculo ao *desenvolvimento natural*, não haveria base alguma para o surgimento de uma ação criadora.

O ato criador implica o funcionamento imaginativo. Assim, por meio de associações e dissociações das impressões do real, somos capazes de compor universos fantásticos! Isso também ocorre com as crianças, como afirmaria Vigotsky (2009, p. 16-17):

> A criança que monta um cabo de vassoura e imagina-se cavalgando um cavalo; a menina que brinca de boneca e imagina-se a mãe; a criança que, na brincadeira, transforma-se em bandido, num soldado do Exército Vermelho, num marinheiro – todas essas crianças brincantes representam a mais autêntica e verdadeira criação. É claro que, em suas brincadeiras, elas reproduzem muito do que viram. [...] No entanto, esses elementos da experiência anterior nunca se reproduzem na brincadeira exatamente como ocorrem na realidade. A brincadeira da criança não é uma simples recordação do que vivenciou, mas uma reelaboração criativa de impressões vividas.

A função criadora não surge de modo repentino, mas gradual. Na infância, ela adquire diversas facetas, em razão dos processos de simbolização implicados nas atividades de desenhar, brincar, narrar, escrever etc. Tal função não é inata, mas emerge associada às condições de vida, às necessidades e aos desejos experimentados pela criança em seu contato com o universo adulto e com a cultura. Nesse sentido, torna-se importante perguntar: qual é a origem da atividade criadora?

Na visão teórica do autor, leis gerais explicam a relação entre o real e a fantasia. A *primeira* delas baseia-se na premissa de que as formas em que pensamos são compostas por elementos retirados da realidade concreta, das nossas experiências anteriores. Logo, a criação não surge do nada, mas advém do que vivemos diretamente ou pela mediação do outro/instrumento. A imaginação obtém da realidade seus elementos e os recombina, mesclando aspectos do real *associados* com imagens de fantasias, sucessivamente.

A *segunda* lei refere-se a outra maneira de combinar realidade e fantasia, em que a relação se estabelece por meio de produtos da imaginação que criam imagens amalgamadas a fenômenos complexos da realidade. Por exemplo, ao vermos um quadro ou ao lermos uma história, em geral, não nos limitamos a reproduzir experiências passadas, mas partimos delas para criar novas formas de combinação. A fantasia amplia a nossa experiência, pois nos permite imaginar o que não vivemos de forma direta. Ou seja, é por meio da fantasia que ocorre uma libertação do estreito vínculo de nossa experiência individual, o que nos possibilita assimilar as experiências históricas e sociais alheias.

Se, na primeira lei, a imaginação tem como eixo central a experiência, na segunda, a experiência baseia-se na fantasia.

O aspecto emocional é a *terceira* forma de vinculação entre a função imaginativa e a realidade. Tudo aquilo que sentimos é pensado em imagens que compõem determinado estado de ânimo, transformando-se em linguagem interior dos sentimentos. Por certo, ao experimentar determinadas sensações, pensamos em imagens, revelando que pensamento e emoção estão intimamente ligados.

Em contrapartida, a fantasia influencia os sentimentos, pois toda representação criadora apresenta em si elementos afetivos. Ao lermos um romance, por exemplo, atribuímos sentimentos e sensações aos personagens com base no que imaginamos sobre a história. O mesmo pode ser observado quando crianças pequenas imaginam que existe um fantasma em seu quarto. Elas vivenciam o sentimento de medo e pavor com tanta realidade que, em geral, não se mexem até dormirem.

Por último, a *quarta* forma de relação entre o real e a fantasia fundamenta-se no princípio explicativo da originalidade. Isso significa dizer que a imaginação pode representar algo novo, inédito, que até então não existe na experiência passada do homem.

De acordo com a perspectiva histórico-cultural, esses frutos da imaginação explicam a base histórica dos processos criativos: a própria capacidade inventiva humana. De fato, os elementos circunscritos no real podem sofrer modificações complexas, que, por meio de reelaborações do pensamento, convertem-se em produtos originais da imaginação. Tais produtos, ao se materializarem, retornam ao mundo de forma inovadora, apresentando uma força ativa e original, capaz de alterar o modo de organização da realidade. Esse movimento circular (*ciclo da imaginação*) encerra a base da atividade criadora.

A criança e o brincar: a ação lúdica no entrever da necessidade e do desejo

Os processos imaginativos estão presentes desde a mais tenra infância. Por meio das brincadeiras, dos desenhos, da produção de narrativas etc., os pequenos revelam seus processos de criar e imaginar. A criação se apoia, a priori, naquilo que eles ouvem e veem, ou seja, na forma de perceber a realidade.

Vigotski tece reflexões importantes acerca da brincadeira, entendida por ele como a principal atividade da criança em idade pré-escolar. A escolha não é por acaso, pois o autor compreende o lúdico como primordial para o surgimento do funcionamento abstrato, da elaboração e da ampliação das funções imaginativas e linguísticas na infância (Silva, 2007).

A atividade lúdica, nessa linha teórica, é uma das mais importantes formas de expressão infantil. Nela se observam, de forma evidente, as relações entre o real e a fantasia (a base sociogenética da ação criadora), bem como os complexos processos que envolvem o conhecimento, a realidade, a criação e a sensibilidade infantil – dimensões centrais da constituição subjetiva.

Quando faz de conta, a criança pequena tenta agir como adulto, incorporando aspectos da cultura. Tal ação, guiada pela imaginação, resulta da necessidade e do desejo infantil de incorporar elementos dispostos no real. Por meio da construção de cenários lúdicos e assumindo papéis sociais (personagens), meninos e meninas se apropriam das regras sociais e historicamente construídas.

Os pequenos brincam que são professores, mães-pais, filhos(as), médicos(as), motoristas etc. e, ao mesmo tempo que se apoiam no real (por meio das regras e das generalizações de papéis), efetuam transformações inventivas no plano simbólico. Sobre isso, Leontiev (1992) afirma que, em jogos de enredo, a criança desempenha ações que concorrem para a caracterização dos papéis que ela quer encenar. A criança incorpora um pedreiro, por exemplo, e sua representação está apoiada em vivências (diretas ou não) com o pedreiro real. Ela obedece às regras (ações determinadas) relacionadas ao papel social definido para a brincadeira e age de acordo com generalizações prototípicas de ser pedreiro.

No episódio a seguir, percebemos como as crianças assumem diferentes papéis lúdicos ao vivenciar situações de faz de conta. As atuações dos pequenos revelam características culturais, incorporadas do real, para compor o personagem que elas representam. As crianças brincam na casinha de bonecas. Esta cena, bem cotidiana na educação infantil, revela como os pequenos assumem o papel de mãe, filha, filho, por exemplo.

Episódio 1 – O almoço

As crianças estão fora da sala de aula. Na escola, existe uma casa de bonecas com cama, pia, mesa, fogão e sofá.

Duas vezes por semana, a professora leva a turma do pré-escolar a esse espaço, disponibilizando brinquedos diversificados para que as crianças possam compor a ação lúdica.

Jaqueline, Aline e Sueli estão brincando na casinha de boneca quando Carlos e Sandra entram. Jaqueline observa a entrada dos colegas e, com o dedo indicador apontado para fora, pede a Sandra:

— Fica lá fora brincando que está quase na hora do almoço!

Ao ouvir Jaqueline, Sandra parece não dar muita atenção e continua dentro da casa.

Sueli, então, sobe em um banquinho fixo, que está dentro da casinha, e anuncia:

— Eu vou ser a mãe!

Jaqueline encosta a mão no braço de Sueli e adverte em tom imperativo:

— Eu sou a mãe! — avisando a Sueli que ela (Jaqueline) é a "mãe de Sandra".

[...]

Sandra, então, levanta os braços, aceitando ser filha de Jaqueline durante a brincadeira. Ela diz, pulando, em tom animado:

— Filha!

Entretanto, Sandra não obedece à ordem de Jaqueline de ficar no parque aguardando o almoço. Ela pega um pratinho e um talher e vai para o outro lado da casinha. Senta-se e faz de conta que está comendo...

Nesse momento, Carlos entra na cena e afirma em voz alta:

— Eu sou o filho!

[...]

Em seguida, Carlos pede a Jaqueline:

— Eu quero comida!

Jaqueline indaga:

— Comida?

A menina pega um potinho em cima da mesa e o entrega a Carlos, dizendo:

— Tá aqui!

[...]

Carlos senta no banquinho da casinha, cruza os braços e reclama:

— Mas não tem colher!

Enquanto isso, ele estica as mãos, pega uma colher em miniatura e um pratinho na mesa e faz de conta que está comendo. Ao término, ele declara, erguendo os objetos na direção de Jaqueline:

— Comi tudo!

Porém, derruba o pratinho e a colher no chão. Ao pegá-los, Jaqueline aponta o dedo para a mesa e ordena:

— Põe aqui na mesa!

Em seguida, Sandra, que estava sentada do outro lado da casinha comendo, se aproxima de Jaqueline e Carlos e, com o pratinho e o talher na mão, diz:

— Comi tudo, mãe!

Enquanto isso, Carlos pega o pratinho e a colher que deixou cair e diz (como se estivesse cantando):

— Eu vou lavar, vou lavar. Vou lavar louça! Tem mais louça suja?

Jaqueline responde negativamente, movimentando a cabeça de um lado para o outro, e afirma em tom de autoridade materna:

— Eu vou lavar!

Nesse breve episódio, podemos perceber como as crianças tomam aspectos da realidade vivida. Jaqueline e Sueli brincam na casinha da boneca e, a partir da entrada de Carlos e Sandra na brincadeira, um novo cenário lúdico emerge.

Sem uma combinação prévia, Jaqueline assume o papel de mãe e ordena que Sandra (filha) se retire, pois ela está fazendo o almoço. Entretanto, Sandra não atende a ordem e, como se o almoço já estivesse pronto, pega um prato e um talher (brinquedos em miniatura), dirige-se ao outro lado da casinha e faz de conta que está comendo.

De repente, Carlos entra na brincadeira. Ele avisa que vai ser o filho e pede comida a Jaqueline. Ela providencia, entregando um prato de brinquedo ao *filho*[1]. Carlos, por sua vez, pega o prato, mas reclama da colher, exigindo o instrumento de comer para dar composição à brincadeira. Jaqueline dá uma nova colher a Carlos, *seu filho*. A cena termina com *os filhos* (Sandra e Carlos) finalizando o almoço e a *mãe* (Jaqueline) indicando que vai lavar os pratos.

Nessa situação de faz de conta cotidiana, percebemos as maneiras de as crianças assumirem personagens. De fato, ser mãe e ser filho sugerem modos de agir específicos; incorporação de regras sociais que garantem a verossimilhança das situações lúdicas encenadas. No episódio descrito, por exemplo, a brincadeira de faz de conta revela a representação de contextos domésticos e relações familiares travadas em casa. Mas, em outras situações, elas podem encenar contextos distantes de sua realidade imediata, como hospitais, delegacias etc.

Ao brincar, as crianças transitam por diferentes temas lúdicos, criando uma infinidade de cenas dramáticas de representação.

A analogia entre o brincar e o teatro é bastante oportuna. Não por acaso, os pesquisadores têm se utilizado de termos próprios das performances cênicas para analisar as situações lúdicas: jogos de papéis, encenação de personagens e cenografia são termos comumente usados para refletir sobre o universo imaginativo infantil (Góes, 2000; Silva, 2006; Arce e Duarte, 2006).

1. Ao longo do texto utilizaremos palavras em itálico para nos referirmos aos papéis sociais e aos objetos lúdicos criados pela criança no faz de conta.

Leontiev (1992) afirma que o jogo de enredo se caracteriza como uma ação generalizada. Ao observarmos uma criança brincando de ser professor, percebemos que sua ação se caracteriza como uma representação das características gerais desse profissional. Ou seja, ela representa as funções sociais prototípicas de ser docente, por exemplo. Guia-se pelo papel alegórico atribuído ao ser professor na sua cultura fazendo um entrelaçamento com suas vivências diretas ou mediadas com esse profissional. "É por isso que o motivo para a criança não é reproduzir uma pessoa concreta, mas executar a própria ação como uma relação com o objeto, ou seja, precisamente uma ação generalizada" (p. 130).

Quando brinca, a criança não vivencia o absurdo nem nega possibilidades da elaboração do real. Sua atenção volta-se para uma *lógica do acontecimento imaginário*, em que o uso de objetos substituídos (brinquedos) e a representação de papéis estão presentes na manutenção da *consciência* do tema a ser encenado (Silva, 2012).

A diversidade de recriações, ao mesmo tempo que se sustenta no socialmente previsto (plausível), como diria Góes (2000), também, de modo contraditório, aponta para a não uniformidade das encenações, conferindo-lhes originalidade.

Leontiev argumenta (1992) que existe na criança uma *necessidade latente* de agir sobre o mundo por meio da incorporação de papéis sociais e da substituição funcional de objetos. Isso ocorre porque, na atuação infantil, as ações dos pequenos são limitadas se comparadas às possibilidades e aos atrativos do mundo *organizado adulto.*

As crianças pequenas não conseguem remar um barco! Elas desejam fazê-lo, imitando os adultos, mas não podem. Para resolver esse problema, Helena (3 anos) decidiu pegar uma grande caixa de plástico, que estava disponível no banheiro, e posicionou-a sob o chuveiro. Pediu à mãe que a ajudasse a sentar na caixa e abrisse o chuveiro. Em seguida, com a água caindo sobre ela, pegou uma lixa de pé (que se transformou em remo) e começou a sua brincadeira de barco.

No entrever da necessidade e do desejo infantil surge a ação lúdica. Pela imaginação, por meio do faz de conta, a criança pode viver tudo aquilo que lhe é interditado pela realidade. Helena, por exemplo, *navega* em seu *barco*. Ela toma emprestados elementos materiais do mundo (caixa de plástico, lixa de pé etc.) para satisfazer necessidades, traduzidas em brincadeiras.

Leontiev (1992, p. 122) elucida:

> Só no brinquedo as operações exigidas podem ser substituídas por outras e as condições do objeto podem ser substituídas por outras condições do objeto, com preservação do próprio conteúdo da ação. O domínio de uma área mais ampla da realidade, por parte da criança – área esta que não é diretamente acessível a ela –, só pode, portanto, ser obtido em um jogo.

Temos defendido, com o apoio de outros pesquisadores, que a brincadeira tem uma dimensão transgressora (Leite, 2004; Cruz, 2002; Silva, 2012); os papéis representados e a transformação dos objetos (uma vassoura *vira* um cavalo) são frutos de uma elaboração criativa. Isso é possível porque, quando brinca, a criança muda sua posição; ela deixa de ser *espectadora* e passa a ser *autora*.

Para melhor compreender a complexidade dessa situação, vamos nos ater, neste momento, ao modo como a criança utiliza os brinquedos.

Ao transformar uma vassoura em um cavalo de pau, a criança realiza um tipo de substituição. Ou seja, o objeto se transforma, pela imaginação, naquilo que ela quer explorar ludicamente. Sobre isso, Leontiev (1992) aponta dois componentes que circunscrevem a brincadeira: a ação e a operação lúdica.

A ação nada mais é do que o objetivo para o qual a criança se direciona. No caso apresentado, a criança queria montar em algo específico: o cavalo. Sua ação é guiada por essa motivação. Aqui, destaca-se o processo que culmina na brincadeira.

A operação refere-se aos modos de ação. Leontiev (1992) focaliza aquilo que viabiliza a ação. Para ele, há um vínculo estreito (não necessariamente causal) entre a ação e a operação: "No caso do cavalo de pau, a operação corresponde à madeira e a ação, ao cavalo" (p. 125).

Assim, segundo o autor, ao contrário de uma ação produtiva real, na brincadeira, ocorre a ruptura entre significado e sentido. Isto é, ao brincar com a vassoura, a criança reconhece suas propriedades e sua forma de ser utilizada, porém o objeto adquire um sentido lúdico – torna-se cavalo.

A criança, contudo, não realiza esse descolamento de forma antecipada, anterior à ação, mas durante a própria brincadeira. O foco está, portanto, no *processo de composição lúdica.*

Em linhas gerais, a operação lúdica está subordinada à ação. Leontiev (1992) salienta que nem tudo pode representar tudo. Dependendo das motivações e necessidades da criança, a brincadeira pode se tornar inviável.

Sobre isso Leontiev (1992, p. 131) comenta:

> Quando uma criança sentada à mesa cria uma situação em que uma pessoa caminhando representa, por exemplo, um médico correndo para atender um paciente ou para ir a uma farmácia, um lápis, uma vara ou um palito podem igualmente representar a pessoa. Com esses objetos, a criança pode executar, com êxito, a operação de mudar as posições, isto é, os movimentos generalizados requeridos pela ação no brinquedo. Mas a questão é outra quando a criança tem uma bola macia em suas mãos. A ação exigida não pode ser executada com ela; o movimento carece da configuração característica do "andar", e chega um momento em que a ação lúdica não é mais possível.

A *performance* no brincar: o corpo como acontecimento lúdico

Nesse contexto, gostaríamos de chamar a atenção para o modo como o corpo constitui a brincadeira. Não somente o objeto se adequa ao brincar como exige do corpo uma nova configuração para representar os personagens e objetos a serem encenados.

Na relação entre corpo, recursos expressivos e objeto, o significado lúdico é constantemente reelaborado. Isto é, os movimentos da criança, a forma como segura a vara, como dispõe os braços e as pernas, a maneira como anda e submete o objeto à sua intencionalidade revela um processo de simbolização bastante complexo e importante para o seu desenvolvimento (Costa, 2012; Costa, Silva e Souza, 2013).

Para compreender melhor esse processo, analisemos os episódios a seguir.

Episódio 2 – O bolo de chocolate

As crianças do pré-escolar estão no parque de areia, em que a professora disponibilizou baldes e pás.

A pesquisadora observa as crianças e senta-se perto delas. Izabel convida:

— Quer brincar com a gente?

A pesquisadora responde:

— Quero, sim.

Silvia diz:

— Então, vamos fazer a sua festa!

As crianças dizem que estão fazendo bolo de chocolate e mexem na areia, colocando-a dentro do balde. Há quatro meninas brincando e quatro baldes. Cada uma faz seu bolo. Com um braço, seguram o balde, que está apoiado na areia; com o outro, mexem a areia em movimentos circulares.

Izabel diz:

— Tia, esse bolo é pra você.

Episódio 3 – O binóculo e o avião

As crianças da pré-escola acabam de voltar do parque. A professora propõe um relaxamento com a turma. Em seguida, as crianças sentam-se em grupos de quatro e a professora coloca brinquedos de encaixe e de construção em cima das cinco mesas dispostas na sala de aula.

Cada grupo fica de dez a 15 minutos com o brinquedo. Em seguida, as crianças juntam as peças e a professora as coloca em outra mesa, promovendo um rodízio de instrumentos.

Beatriz monta um objeto semelhante a um binóculo. Ela se levanta, coloca o objeto sobre os olhos e observa a sala. Depois, caminha até a pesquisadora e diz:

— Tia, esse é aquele negócio que a gente coloca pra ver!

A pesquisadora pergunta:

— Que legal! Um binóculo?

Beatriz sorri satisfeita e diz:

— Isso!

Então, volta ao seu lugar e continua observando a sala com o binóculo.

Pouco tempo depois, pega o mesmo objeto, levanta-se, anda um pouco pela sala, subindo e descendo o braço que segura o objeto. Em seguida, faz barulho como se o objeto, antes binóculo, fosse um avião.

No primeiro episódio, o balde se transformou em bacia e a areia em massa de bolo. No segundo, o objeto de encaixe, construído pela criança, se transformou em *binóculo* e *avião*. Em ambos os casos, os objetos disponibilizados à criança se transformaram em outro, pelas propriedades materiais que possuem. O movimento do corpo e sua *performance*, por exemplo, deram outro significado à areia, ao balde, à pá. Desse modo, o corpo também demarcou a brincadeira.

No segundo episódio, a criança se levanta, coloca o objeto sobre os olhos, observa a sala e diz, ao ser questionada, que fez "*o negócio que vê*". Ela decide mudar o significado atribuído ao objeto, mas não o modifica materialmente. Não acrescenta nem retira nenhuma peça que compõe o objeto feito, mas sua ação sobre ele se transforma; um novo significado é atribuído ao objeto durante a brincadeira. Assim, o *binóculo* vira *avião*.

No episódio a seguir, veremos outra forma de configuração do corpo na brincadeira. A criança não se utiliza do objeto-pivô, como analisamos anteriormente, mas o corpo *performatiza* a ação de tal forma que ele se transforma no objeto a ser representando.

Episódio 4 – O voo

Em uma escola de educação infantil, uma turma de crianças na faixa etária de 4-5 anos brinca no parque de areia. Algumas delas estão no escorregador.

Adriano sobe no escorregador pelas escadas e senta em posição de escorregar.

No momento em que desliza para baixo, ele abre os braços perpendicularmente ao seu tronco e grita:

— Eu tô voando!

A criança que está atrás de Adriano, na fila para descer pelo escorredor, imita o mesmo movimento e diz:

— Eu sei voar também!

As crianças correm e sobem inúmeras vezes no escorregador com os braços esticados, simulando um voo.

Adriano sobe no escorregador e faz de conta que está voando. Ele avisa que está voando, mas a sua performance se completa quando seus braços se posicionam como asas e as suas pernas se mantêm esticadas ao descer pelo escorregador. Essa brincadeira simples e corriqueira revela-nos as percepções de Adriano sobre o mundo que o cerca; o avião e o sentimento de voar provocado pela sensação de descida no escorregador. As crianças observam Adriano e querem imitar o amigo, participando da brincadeira, repetindo o movimento das pernas e dos braços.

Fazer de conta que é um objeto ou um personagem, utilizar objetos e compor cenografias revelam modos infantis de recriação da vida viabilizadas pelo/no corpo quando se brinca. A brincadeira possibilita aos pequenos vivenciar outras experiências que se edificam no movimento, na composição corporal, no próprio corpo.

Com base nos episódios descritos, constatamos que o corpo é o *espaço para o acontecimento lúdico*, tanto em sua dimensão física, instrumental, orgânica, quanto em sua dimensão simbólica. Por meio do corpo, a criança (se) expressa, refrata e reflete as apropriações que faz dos elementos culturais circundantes.

> "O corpo não é uma máquina como nos diz a ciência. Nem uma culpa como nos fez crer a religião. O corpo é uma festa."
> Eduardo Galeano

Nessa perspectiva, afirmamos em trabalho anterior (Costa, Silva e Souza, 2013) que o corpo é o lócus da representação. O que isso quer dizer?

É no e pelo corpo que a representação acontece, por meio da participação na:

a. Composição de personagens; modos de ser filha, mãe, professora, médico, policial etc.

b. Transição dos significados dos objetos pelo seu significado lúdico; uma vara se transforma em cavalo, um balde em bacia para mexer o bolo, uma caixa de plástico em barco.

c. Configuração da brincadeira, quando o corpo é o próprio brinquedo e se transforma em um avião.

Assim, as atividades criadoras implicam processos de simbolização cada vez mais complexos e refinados. A exploração desses processos amplia a possibilidade de as crianças se expressarem e interpretarem o mundo (Costa, 2012; Costa, Silva e Souza, 2013).

Considerações finais

Apesar dos avanços nas práticas pedagógicas e dos estudos na área de imaginação e produção cultural na infância, a escola ainda é tímida ao considerar a ação criadora das crianças, sobretudo as brincadeiras de faz de conta e as experiências corporais mais autônomas.

No cotidiano da sala de aula, ainda é comum observarmos tempos restritos e específicos para as crianças brincarem: hora do recreio, hora do descanso etc. Enfim, momentos escassos em que visam ao *não atrapalhar* o desenvolvimento de atividades formais e diretivas da escola (Rocha, 2000; Leite, 2004; Silva, 2012).

Esse modelo educacional, que coloca as atividades criadoras em um espectro espacial e temporal muito limitado, é preocupante (Cruz, 2002). De acordo com Silva (2012), à medida que retemos experiências fundamentais na infância, trazemos prejuízos ao desenvolvimento cognitivo, estético e sensível das crianças.

Dessa forma, torna-se urgente (re)pensarmos a instituição escolar como esfera de ampliação das ações criativas. Isso não significa negar a função educacional de formar o sujeito que *raciocina, conhece e age* sobre a realidade. Mas o esforço maior é de considerarmos (de modo integrado) imaginação e emoção dimensões fundamentais do desenvolvimento da criança, que não podem ser ignoradas pela escola e fazem parte do *raciocinar, conhecer e agir*.

Os professores, de modo particular, precisam estar atentos às formas de expressão infantil, reveladas por meio de desenhos, pinturas, jogos dramáticos, narrativas, brincadeiras. Essas criações sugerem, como vimos, modos de os pequenos pensarem o mundo e explorarem dimensões de uma experiência autoral.

Nós, professores, precisamos estar abertos e sensivelmente atentos para o que as crianças nos dizem quando criam, pois somos leitores privilegiados dessas manifestações criadoras. É importante buscar alternativas pedagógicas comprometidas com as produções e criações infantis. As crianças merecem ser apoiadas na criação e no desenvolvimento efetivo de suas ideias!

RELEMBRANDO

Neste capítulo, vimos que:

- Durante a infância, a atividade criadora configura-se com base em diferentes arranjos, em razão dos processos de simbolização materializados nas atividades de desenhar, brincar, narrar, escrever etc. Tais atividades se manifestam atreladas às condições materiais de vida e às necessidades e aos desejos vivenciados pela criança a partir do seu contato com a cultura (majoritariamente organizado para e pelos adultos).

As crianças, ao brincar, apoiam-se no real (por meio das regras e das generalizações de papéis) e efetuam transformações autorais no plano simbólico. Nos jogos de enredo, por exemplo, a criança desempenha ações que concorrem para a caracterização dos papéis que ela quer encenar. Tal representação apoia-se em vivências (diretas ou não) com o personagem real encenado.

No processo lúdico, as crianças materializam representações dos personagens que encenam, apoiando-se, para essa composição, em suas vivências (diretas ou mediadas) com o protótipo do personagem.

É comum que as crianças, durante a composição das brincadeiras e dos cenários lúdicos, transformem objetos disponíveis no seu meio circundante em outros produtos e/ou personagens, visando assim a uma melhor performance de concretização objetal da fantasia. Essa dinâmica é circunscrita pela ação (objetivo ao qual a criança se direciona) e pela operação lúdica (modo de materialização da ação).

O corpo é um lócus importante para que o momento lúdico se materialize. É por meio dele e das atividades criadoras que a criança se expressa de forma autoral. O corpo é brincante.

SUGESTÃO DE ATIVIDADES

A Escute com seus alunos a música *João e Maria*, de Chico Buarque (1974), e sugira uma dramatização fazendo uma releitura da canção.

B Experimente trabalhar com sucata e disponibilizar para as crianças tampinhas, garrafas, potes de iogurte etc. A ideia é apresentar à turma materiais que aparentemente não são brinquedos. Permita a manipulação livre. Observe o que acontece quando as crianças começam a brincar com esses elementos. Anote no seu diário de campo.

C Candido Portinari, em algumas de suas obras, retratou o cotidiano infantil e seu olhar de artista. Acesse o endereço http://www.portinari.org.br/ e escolha algumas dessas obras. Mostre-as aos seus alunos pedindo que eles façam uma leitura sobre os quadros. Com base no olhar de cada criança, sugira uma (re)interpretação das obras. Os pequenos podem criar histórias sobre os quadros; comparar as brincadeiras contemporâneas com aquelas registradas pelo pintor; pintar seus próprios quadros; fazer de conta que são Portinari. Para dar continuidade à atividade, sugerimos contar a história da vida do pintor. Para isso, leia *Crianças famosas: Portinari*, de Nadine Trzmielina e Angelo Bonito (Callis, 1997).

D Ao final, organize uma exposição!

Referências bibliográficas

ARCE, A; DUARTE, N. (org.). *Brincadeira de papéis sociais na educação infantil: as contribuições de Vigotski, Leontiev e Elkonin*. São Paulo: Xamã, 2006.

BRASIL. Ministério da Educação e do Desporto. Secretaria de Educação Fundamental. *Referenciais curriculares nacionais para a educação infantil*. Brasília: MEC/SEF, 1997.

______. Conselho Nacional de Educação. *Resolução CEB 3, de 26 de junho de 1998*. Institui as diretrizes curriculares para o ensino médio. Brasília: CNE, 1998.

______. Ministério da Educação. Secretaria de Educação Básica. Diretrizes Curriculares Nacionais para a Educação Infantil. Secretaria de Educação Básica. Brasília: SEB, 2010.

COSTA, M. T. M. S. *O papel do corpo nas práticas de letramento: um estudo sobre as atividades criadoras na infância*. Dissertação (Mestrado em Processos de Desenvolvimento Humano e Saúde), Universidade de Brasília, Brasília (DF), 2012.

COSTA, M. T. M. S.; SILVA, D. N. H. "O corpo que escreve: considerações conceituais sobre aquisição da escrita". *Psicologia em Estudo*, v. 17, 2012, p. 55-62.

COSTA, M. T. M. S.; SILVA, D. N. H.; SOUZA, F. F. *Corpo, atividades criadoras e letramento*. São Paulo: Summus, 2013.

CRUZ, M. N. *Imaginação, conhecimento e linguagem: uma análise de suas relações numa perspectiva histórico-cultural do desenvolvimento humano*. Tese (Doutorado em Educação), Universidade Estadual de Campinas, Campinas (SP), 2002.

FARIA, A. L. G.; DEMARTINI, Z. B. F.; PRADO, P. D. (orgs.) *Por uma cultura da infância: metodologias de pesquisa com crianças*. Campinas: Autores Associados, 2002.

GÓES, M. C. R. "A formação do indivíduo nas relações sociais: contribuições teóricas de Lev Vigotski e Pierre Janet". *Educação & Sociedade, Cadernos do Cedes (Unicamp)*, v. 21, n. 71, 2000, p. 116-31.

KRAMER, S.. *Na gestão da educação infantil, nós temos meninas no lugar de professoras?* In: 28ª Reunião Anual da Anped, 2005, Caxambu. 28ª Reunião Anual da Anped. Caxambu/Rio de Janeiro: 28ª Reunião Anual da Anped, 2005, v. 1. p. 1-16.

LEITE, A R. I. P. *O lugar da imaginação na prática pedagógica da educação infantil.* Tese (Doutorado em Educação). Universidade Metodista de Piracicaba, Piracicaba (SP), 2004.

LEITE, M. I. "Linguagens e autoria: registro, cotidiano e expressão". In: *Arte, infância e formação de professores – Autoria e transgressão.* Campinas: Papirus, 2004.

LEONTIEV, A. N. *Os princípios psicológicos da brincadeira pré-escolar.* In: VIGOTSKI, L. S.; LURIA, A. R.; LEONTIEV, A. N. *Linguagem, desenvolvimento e aprendizagem.* São Paulo: Ícone, 1992, p. 119-42.

OLIVEIRA, M. K. *Vygotsky: aprendizado e desenvolvimento, um processo sócio-histórico.* São Paulo: Scipione, 2010.

ROCHA, M. S. *Não brinco mais – A (des)construção do brincar no cotidiano educacional.* Ijuí: Ed. Unijuí, 2000.

SILVA, D. N. H. *Imaginação, criança e escola: processos criativos na sala de aula.* Tese (Doutorado em Educação), Universidade Estadual de Campinas, Campinas (SP), 2006a.

______. *Como brincam as crianças surdas.* São Paulo: Plexus, 2007.

______. "Arte, infância e imaginação: dimensões da cultura (popular)". In: *XVI Encontro Nacional de Psicologia da Abrapso.* Recife: Abrapso, v. 1, 2011.

______. *Imaginação, criança e escola.* São Paulo: Summus, 2012.

STEINBERG, J.; KEINCHELOE, L. (orgs.). *Cultura infantil: a construção corporativa da infância.* Rio de Janeiro: Civilização Brasileira, 2001.

SOUZA, F. F.; SILVA, D. N. H. "O corpo que brinca: recursos simbólicos na brincadeira de crianças surdas". *Psicologia em Estudo*, v. 15, 2010, p. 705-12.

TEZZA, C. "Sobre o autor e o herói – Um roteiro de leitura". In: FARACO, C. A. *et al.* *Diálogos com Bakhtin.* Curitiba: Ed. UFPR, 1996.

VIGOTSKY, L. S. *Imaginação e criação na infância.* São Paulo: Ática, 2009.

6

Afetividade, imaginação e dramatização na escola: apontamentos para uma educação (est)ética

Lavínia Lopes Salomão Magiolino

Introdução

Neste capítulo, analisaremos o papel do brincar e, mais especificamente, da dramatização no processo de constituição subjetiva. Procuramos explorar as intrincadas relações entre emoção, sentimento e fantasia no brincar bem como problematizar os modos de sentir e expressar na dramatização no espaço escolar. Para fundamentar nossas ideias, tomamos como base teórico-metodológica as contribuições de autores como Wallon, Bakhtin e Vigotski, em uma perspectiva histórico-cultural.

Este capítulo propõe:

- Abordar conceitos que envolvem a dimensão afetiva – emoções e sentimentos – e sua relação com a imaginação na dramatização infantil.
- Discutir o papel da dramatização e sua relação com a brincadeira no processo de constituição subjetiva.
- Refletir sobre as práticas de leitura e dramatização de textos em sala de aula, tendo em vista uma educação sensível expressiva, numa perspectiva ética.

Nessa perspectiva, o teatro é entendido como uma atividade criadora e como arte, uma técnica social das emoções – como afirmava Vigotski (2001). Ao brincar, num jogo de faz de conta que se aproxima do teatro – sem, no entanto, ser considerado como tal –, a criança vivencia diferentes papéis e (re)conhece emoções e sentimentos em seu corpo-mente, experienciando-os na trama de ideias, conceitos, imagens e valores de que toma parte.

Perceberemos, no decorrer do texto, que essa experiência permite uma mudança de papel, de lugar, de posição social – importante para o exercício de alteridade na educação das crianças – e abre possibilidades ao desenvolvimento da capacidade de afetar, de ser afetado e de criar. Nesse processo, a criança torna-se ativa em meio às emoções que vivencia intensamente nessa fase, podendo (re)conhecê-las e, então, transformá-las. Coloca-se, assim, em foco, uma educação sensível e expressiva, uma educação (est)ética.

O papel do brincar: entre a apropriação da regra e a educação do desejo

"Hora da história", "roda de leitura" e "cantinho da literatura" são alguns termos usados nas escolas de ensino fundamental e educação infantil para denominar o espaço, o lugar ou o tempo da literatura – e, muitas vezes, da dramatização – na escola. Hora em que a fantasia é permitida e reveste as brincadeiras das crianças que a encarnam.

A bruxa, a fada, o lobo, os porquinhos, o leão e o ratinho, o boto, a Iara, o curupira... ganham forma, tomam corpo nas palavras da professora que folheia um livro. As crianças arregalam os olhos, colocam a mão na boca, soltam gargalhadas... São cooptadas pelo estranho poder da palavra narrada, da palavra que ganha (o) corpo na narrativa literária.

Aqui, a literatura fantástica assume relevância e desperta controvérsias entre os professores por causa de seus perigos e utilidades. Perigos que se referem ao temor de que as crianças sejam engolidas por esse mundo de coisas que não existem e, de alguma forma, esse conhecimento atrapalhe seu desenvolvimento e o ensino do conteúdo que deve ser apreendido na escola – o que colocaria em xeque a utilidade desse tipo de conhecimento ligado à fantasia.

Assim, ao tematizar a literatura e a dramatização na escola com foco na afetividade, alguns trabalhos enfatizam, muitas vezes, a necessidade de considerar a afetividade na relação professor-aluno na educação infantil e no ensino fundamental I. A afetividade (a entonação e o modo de acolher da professora, por exemplo) é reduzida a um importante recurso para assegurar a alfabetização ou a algo que desvela as emoções como importantes recursos de expressão da criança pequena – e que, portanto, deve ser superados no decorrer do processo de desenvolvimento.

Com isso, prescrevem-se metodologias de ensino e atividades para se trabalhar e controlar as emoções – especialmente aquelas consideradas negativas (como a raiva e o ciúme), que são intensamente vividas pela criança pequena. E isso é feito, quase sempre, por meio de estratégias estritamente cognitivas. Uma das técnicas prescritas é a leitura de textos para que, em seguida, as crianças desenhem aquilo de que têm medo, o que as deixa tristes ou o que as torna felizes. Assim, projetos sobre o medo ou o controle da raiva vão se tornando cada vez mais comuns em busca da "alfabetização emocional" – termo cunhado por Goleman (2005).

Muitas das atividades em sala de aula priorizam a literatura para o exercício de aquisição de determinado tipo de conhecimento – da língua ou dos conteúdos escolares, de valores morais, por exemplo – mais do que para a fruição estética. É o que acontece com o uso das fábulas para ressaltar um valor, um princípio moral.

Contrapondo-se a essas visões, Vigotski (2004) defende: a centralidade de uma educação estética que vá além da preleção moral; a centralidade da imaginação e da fantasia; e a centralidade de uma educação dos sentimentos, numa perspectiva ética. Além disso, para ele, o fantástico e o real estão relacionados e constituem-se mutuamente. E é justamente na dramatização, no drama, no teatro que o complexo processo da imaginação concretiza-se de maneira mais clara. Por isso, essas atividades abrem possibilidades para o brincar na infância.

O brincar é a principal atividade da criança, sobretudo na idade pré-escolar, sendo crucial para a emergência de complexos processos psicológicos. Isso acontece porque, na brincadeira, a criança pequena tenta agir como alguém que faz parte de suas relações sociais – um colega, um adulto – e, nesse processo, se apropria de aspectos da cultura, incorporando-os. Essa atividade é guiada pela imaginação, por meio da construção de cenários e da assunção de papéis sociais de diferentes personagens etc. As crianças apropriam-se de regras cultural e historicamente construídas.

As ações, os movimentos, os gestos e as emoções assumem novos e diferentes contornos no momento em que os objetos que a criança toma em sua fantasia ganham uma nova aura: tornam-se "brinquedos" e abrem "a possibilidade de executar, com eles, um gesto representativo" (Vigotski, 2008, p. 130). É assim que, diz o autor, uma trouxa de roupas se torna um bebê; a vassoura, um cavalo de pau... As latinhas, os papéis amassados, o tênis "emprestado" do colega viram bola na hora do parque. Os objetos utilizados nas brincadeiras trazem à tona o que se pensa a respeito deles e as emoções que os mobilizam. Nesse movimento, o brincar, a brincadeira e o brinquedo simbólico das crianças desvelam uma potência criadora em sua profunda imbricação com a imaginação e os afetos, os sentimentos e as emoções.

A discussão do faz de conta na construção de jogos e processos dramáticos fundamenta-se na relevância que Vigotski atribuiu ao papel do brincar no desenvolvimento da criança. Quando brinca, ela se envolve em uma dimensão fantástica, carregada de sentidos e significados: o universo simbólico. É ainda por meio do faz de conta que a criança vivencia diferentes papéis, que vão além das suas ações cotidianas, sobretudo quando essa brincadeira envolve a literatura e a dramatização.

Bakhtin (2003) comenta a representação presente nos jogos lúdicos infantis e as diferenças que se insinuam com relação à arte e à encenação teatral. Para esse autor, a diferença entre a interpretação e a arte está na ausência do espectador-autor. O garoto que faz o papel de chefe de uma quadrilha de bandidos numa brincadeira vivencia a vida desse bandido por dentro: "Pelos olhos do bandido olha para outro garoto que passa correndo ao lado interpretando um viajante; seu horizonte é o horizonte do bandido representado" (Bakhtin, 2003 p. 68).

Chama-nos a atenção, à primeira vista, a criação de personagens como lócus de um processo de diferenciação entre a criança e o outro. Na perspectiva de Bakhtin – tal como assinalamos em outros trabalhos (Magiolino, 2011) –, certos conceitos se fazem importantes ao autovivenciamento, à imagem exterior e à exotopia. A criança autovivencia o fato de ser o chefe dos bandidos, mas é o outro que, ao ocupar um lugar de exterioridade e trazer um excedente de visão estética, a ajuda a compor a sua imagem exterior, dando-lhe um acabamento (est)ético. Somente nessa relação, em que um terceiro – o outro, o espectador--autor – coloca-se e intervém, pode emergir "o acontecimento artístico do drama em forma embrionária" (Bakhtin, 2003, p. 69). Notamos, assim, que essa experiência vivida pela criança pode ser diferente daquela vivida pelo ator em um espetáculo, quando não há um *outro* que se pronuncia concretamente na relação.

Contudo, indo além no trecho citado por Bakhtin (2003, p. 90), percebemos uma ênfase na relação das crianças que brincam de polícia e ladrão com o acontecimento e o desejo que se manifestam:

> [...] a relação de cada um deles com o acontecimento da vida que decidiram representar – o ataque aos viajantes – é apenas o desejo de tomar parte no ataque, de vivenciar essa vida como um de seus participantes: um quer ser o bandido, outro, o viajante, aquele outro o policial etc.; sua atitude para com a vida como desejo de vivenciá-la em pessoa não é uma relação estética com a vida.

O autor afirma que, ao se colocar na brincadeira de faz de conta, a criança age, na interpretação ou representação, com uma postura, uma atitude que não é estética, mas ética, pois é o desejo que mobiliza essa ação mais do que a criação.

Explicita-se aqui uma preocupação acerca da relação afetivo--volitiva na brincadeira e na encenação teatral. Nessa esfera, é interessante acompanhar a elaboração de Vigotski sobre as relações entre o pensamento e o desejo.

O autor (2001a, p. 479) defende que, por trás do pensamento, há sempre uma tendência afetivo-volitiva – motivações, emoções, desejos – "se antes comparamos o pensamento a uma nuvem pairada que derrama uma chuva de palavras, a continuar essa comparação figurada, teríamos de assemelhar a motivação do pensamento ao vento que movimenta as nuvens".

Segundo ele, nosso discurso tem sempre algum tipo de subtexto, um pensamento oculto que esconde nossos desejos, motivações e emoções, existindo no teatro elementos para sua elaboração. Vigotski retoma o trabalho de um ator e diretor de teatro de sua época, Stanislávski. Esse ator delineava no texto teatral o desejo correspondente a cada réplica dos personagens que movimenta o pensamento e o discurso deles. Por trás de cada enunciação dos personagens, Stanislávski desvelava uma tarefa volitiva

> Essa descoberta dos motivos, que fazem o pensamento nascer e orientam o seu fluxo, pode ser ilustrada no exemplo que já utilizamos do subtexto durante a interpretação cênica de algum papel no palco. Como ensina Stanislávski, por trás de cada réplica da personagem existe um desejo de executar determinadas tarefas volitivas. (Vigotski, 2001a, p. 480)

Ainda na esfera das relações entre pensamento e desejo, é interessante acompanhar uma afirmação bastante contundente de Vigotski, que diz que a principal característica do brinquedo é que uma regra se torna um desejo. Tal concepção se encontra fundamentada no conceito do filósofo Espinosa de que "'uma ideia que se tornou um desejo, um conceito que se transformou numa paixão' encontram seu protótipo no brinquedo. [...] Em resumo, o brinquedo cria na criança uma nova forma de desejos. Ensina-a a desejar, relacionando-os os seus desejos a um eu fictício, ao seu papel no jogo e suas regras" (*apud* Vigotski, 2000, p. 131).

Para entender essa afirmação e, com ela, desvelar algo importante sobre o papel do brincar na constituição subjetiva, é preciso compreender a complexa dinâmica afetiva e as intrincadas relações das emoções e dos sentimentos com as demais funções psicológicas superiores – em especial a imaginação – no psiquismo humano.

A complexa dinâmica afetiva na perspectiva histórico-cultural: emoção e significação

Quando somos tocados por algo, quando nos emocionamos com um acontecimento, quando sentimos qualquer coisa por alguém que nos faz parar no tempo por alguns segundos, parece que algo nos toma o corpo e a mente. É como se corpo e mente fossem tingidos de um novo colorido, ou como se ficássemos totalmente sem cor.

O que se passa? Paramos de pensar, somos abandonados por essa capacidade que consideramos tão essencial ao ser humano? Sentimos na pele e na carne, mas muitas vezes não sabemos colocar em palavras ou explicar em pensamentos... O que nos acomete? O que nos toma? Afeto, emoção, sentimento?

Questões difíceis, delicadas, instigantes, cerne de um problema indelével que habita a mente de filósofos, pensadores, biólogos, psicólogos, pedagogos e, na história das ideias, tem sido tratado de modo bastante controverso. Ainda que desperte interesse, a sensibilidade/afetividade – e, com ela, afetos, sentimentos e emoções – acabava sendo relegada a segundo plano, sobretudo quando se enfocavam os processos racionais, dando primazia aos mesmos. Com a doutrina de Descartes e a teoria organicista de James e Langue, as emoções assumiram um caráter negativo, tornando-se seu papel no psiquismo humano sempre questionável. Emocionamo-nos, mas... para que exatamente?

Estudos recentes em diferentes campos – como a neurologia, a psicologia, a antropologia e a sociologia – procuram, no entanto, recolocar a questão das emoções, ressaltando seu papel positivo. O papel das emoções é enfatizado, por exemplo, nos processos de raciocínio e tomada de decisão (Damásio, 2004).

Tais estudos acabam impactando a educação e as relações de ensino. Apesar de sua importante contribuição para o tema, esse debate, em geral, acaba proclamando o afeto ora como solução para os problemas educacionais, ora como responsável pelos distúrbios de aprendizagem. Assim, faz-se necessário compreender a complexa dinâmica afetiva e o seu papel no psiquismo, na personalidade, no processo de constituição subjetiva.

Nesse controverso debate, vimos trabalhando com a dimensão afetiva assumindo a contribuição de autores como Wallon, Bakhtin e Vigotski – e alguns de seus estudiosos – cujas ideias se fundamentam na filosofia de Espinosa.

Contemporâneos de Vigotski, Wallon e Bakhtin partilham ideias sobre a gênese social da consciência, o caráter semiótico desta, o processo de desenvolvimento como social e fundamentado nas relações de alteridade – relações eu-outro, relações intersubjetivas –, apesar de estudarem temas diferentes. Para esses autores, o processo de desenvolvimento cultural se fundamenta na concepção de que é por meio dos outros que nos constituímos. Assim, nas elaborações de Wallon, Vigotski e Bakhtin, percebemos uma tentativa de tematizar a relação homem-mundo, sujeito-sociedade, de maneira dialética, sem cair em reducionismo, determinismo ou relativismo.

A emoção é, para Wallon (1995), o primeiro e mais forte vínculo entre os seres; tem ativação orgânica, mas sua gênese é social. Por isso, a emoção está na origem da consciência e vai assumir um papel importante nos conflitos que funcionam como recurso para o processo de diferenciação do eu e para a constituição da personalidade da criança.

Nas considerações de Bakhtin (2003, p. 318), as emoções são tomadas como manifestações dialógicas: "O amor, a compaixão, o enternecimento e quaisquer outras emoções são sempre dialógicas nesse ou naquele grau". Isso porque são colocadas no plano das interações sociais e culturais, marcadas por ideologia e poder. Nas palavras de Bakhtin, as emoções dão o tom, o colorido aos nossos atos. Mas, mais do que isso, orientam-nos e os redimensionam.

Nessa mesma linha, as emoções humanas, para Vigotski (2004) caracterizam-se por intensas motivações que influenciam e organizam nosso comportamento. Contudo, segundo o autor, as emoções só podem ser compreendidas como uma função que integra a personalidade – que, como veremos a seguir, se constitui pelo *drama*. As emoções são fruto de um processo complexo que só se faz possível historicamente – na história pessoal e social –, sendo, portanto, a combinação de relações que surgem em consequência da vida histórica.

As emoções se (trans)formam ao longo da vida, ao longo da história. Nesse movimento, entram em relação com outras funções – a memória, o pensamento, a imaginação – e passam a afetá-las e a ser afetadas por elas; expressam-se de maneira integrada ou até mesmo por meio dessas funções. Desse modo, surgem relações complexas entre as funções psicológicas e modifica-se o vínculo da emoção com as demais funções (Magiolino, 2010).

Mas como compreender esse processo histórico de (trans)formação das emoções humanas? Esse ponto deixado em aberto por Vigotski ainda é objeto de acirrados debates – sobretudo no campo da neurologia e da biologia.

Na perspectiva histórico-cultural, as contribuições do materialismo histórico-dialético são um ponto central de ancoragem (Pino, 2000). As elaborações de Marx sobre o trabalho social, o uso de instrumentos e signos, repercutem nos trabalhos de Vigotski e são tomadas como base de seu princípio explicativo acerca do que nos torna humanos no processo de constituição cultural. Para Marx, o homem é resultado da sua experiência histórica, estando a consciência diretamente vinculada à vida, à existência e à atividade material humana. Nas/pelas atividades, pelo trabalho, pelo uso e pela criação de instrumentos, os homens transformam a realidade e o meio em que vivem e, ao fazerem isso, transformam a si mesmos.

Afetado por essas ideias centrais, Vigotski defende que a história e a cultura não apenas influenciam como constituem o psiquismo humano. O autor encontra no trabalho humano, no uso e criação de instrumentos e signos, o fundamento de sua perspectiva, da origem da atividade consciente. Ao criar e fazer uso de signos e instrumentos, o homem modifica suas formas de agir, pensar, sentir e conhecer o mundo. Vigotski aproxima signo de instrumento, destacando sua função mediadora, e assinala que a essência da atividade do uso de signos consiste no fato de os homens serem capazes de afetar o seu próprio comportamento por meio destes.

Assim, as relações entre homem-homem e homem-mundo são mediadas. Ocorrem de maneira indireta, pois há um elemento intermediário – que pode ser de um objeto ou uma pessoa a um signo – que intervém nessas relações. Esse processo de mediação semiótica representa um ponto central na obra de Vigotski, pois a linguagem afeta a consciência e organiza o funcionamento psíquico de maneira irreversível (Smolka, 2004), constituindo os modos de sentir, pensar, imaginar, conhecer e agir no mundo.

Assim como para Vigotski, também para Bakhtin (2003) o psiquismo, a consciência humana, constitui-se na e pela dimensão semiótica. Nessas relações em que as emoções emergem e se (re)produzem, é importante considerarmos o complexo processo de produção de signos e sentidos. Essa dimensão semiótica é o que constitui o psiquismo humano e, como vimos defendendo, as emoções humanas.

Compreendida nesses termos, para nós a emoção não é apenas uma descarga de energia, uma perturbação fisiológica, uma sensação visceral ou um sinal endógeno e expressivo de caráter unívoco, de sentido imanente e significado cristalizado. Ela é histórica e culturalmente constituída como função psicológica superior; está sempre impregnada de um conteúdo ou de um sentido ideológico e/ou vivencial – tal como a palavra, no sentido em que nos aponta Bakhtin (Magiolino, prelo).

A personalidade, para Vigotski, constitui-se *dramaticamente* no e pelo *drama* que vivenciamos ao ocuparmos diferentes papéis sociais. O autor comenta os papéis fixos que representam os personagens da *commedia dell'arte*. Arlequim e Colombina são personagens que surgiram

As trupes ou companhias de teatro da *commedia dell'arte* chegavam às cidades em carroças ou em pequenos palcos improvisados e logo pediam permissão para se apresentar nas ruas e praças. Existia um roteiro a ser seguido, mas havia liberdade de criação e improvisação. Cada ator se especializava num personagem, sempre fixo, e explorava suas características físicas, suas habilidades de interpretação, sua veia cômica. O ator usava uma máscara que cobria apenas a parte superior do rosto, permitindo boa respiração e articulação das palavras – essa máscara dava vida à trama ao mesmo tempo que possibilitava o reconhecimento imediato do personagem pelo público. Havia um padrão para o comportamento dos personagens que representavam os papéis de apaixonado, velho ingênuo, fanfarrão, pedante, criado atrapalhado, mulher bela, senhor avarento... As peças traziam à cena, grande parte das vezes, encontros e desencontros amorosos que contavam quase sempre com um inesperado final feliz. Entre os personagens mais conhecidos está o Arlequim, o servo trapalhão, astuto e sagaz, sempre pronto a se meter em confusões que provocavam o riso e desencadeavam a comicidade. Apesar do caráter fixo dos personagens e de certa rigidez nas histórias contadas, a trama era diferente a cada nova apresentação.

nessa forma de teatro popular de improviso, que teve início no século XV na Itália, se desenvolveu posteriormente na França e, ainda hoje, povoa o nosso imaginário – seja em grupos de teatro, seja nas músicas, marchinhas ou apresentações de carnaval.

Assim, Vigotski se contrapõe à noção de personalidade como um papel fixo que o sujeito representa na vida, independentemente das condições sociais e do contexto histórico e cultural em que está imerso, tal como acontecia com os personagens da *commedia dell'arte*. Criticando essa visão da personalidade como algo cristalizado, fixo, ele defende a organização dramática dela no processo de constituição subjetiva (Smolka e Magiolino, 2010).

O drama que constitui a personalidade é um acontecimento relacionado às interações sociais e às diferentes posições sociais que o sujeito ocupa no transcorrer das experiências que vivencia, e nas quais as funções psicológicas conflitam e se recolocam. Dessa forma, o drama com papéis diversos e o choque entre as funções é o que caracteriza a dinâmica da personalidade humana – nunca entendida como algo fixo. As funções psicológicas – pensamento, memória, linguagem etc. – e os sistemas que as compõem entram em choque nas relações sociais em que os sujeitos ocupam diferentes posições ou papéis sociais. O autor problematiza, por exemplo, as relações entre o pensamento e o desejo na dinâmica da personalidade questionando a hierarquia fixa entre as funções – com isso, ele desarma a ideia de que o pensamento (razão) tem sempre primazia sobre o desejo (emoção).

Aqui, vemos um indício importante acerca do lugar que ocupam os processos afetivos e a emoção na dinâmica da personalidade: não se trata de uma perturbação da razão, de um distúrbio, de algo que dever ser, a todo custo, superado, eliminado, expurgado, mas de algo que é vivenciado porque constitui a subjetividade humana.

Embora sejam tratados ora como sinônimos, ora como processos diferentes pelos estudiosos, podemos dizer que afetos, emoções e sentimentos são termos usados para falar de estados afetivos ou, como vimos, de suas nuanças. Compreendemos a complexa dinâmica afetiva sem reduzir qualquer emoção ao seu vínculo com o biológico ou o cognitivo.

Afirma Pino (s/d, p. 20):

> Os fenômenos afetivos representam a maneira como os acontecimentos repercutem na natureza sensível do ser humano, produzindo nele um elenco de reações matizadas que definem o seu modo de ser no mundo. Entre esses acontecimentos, as atitudes e as reações dos seus semelhantes a seu respeito são, sem sombra de dúvida, os mais importantes, imprimindo às relações humanas um tom de dramaticidade. Assim, parece mais adequado entender o afetivo como uma qualidade das relações humanas e das experiências que elas evocam [...] São as relações sociais, com efeito, que marcam a vida humana, conferindo ao conjunto da realidade que forma seu contexto (coisas, lugares, situações etc.) um sentido afetivo.

Vigotski trata da questão da vida afetiva tomando por base as intrincadas relações entre arte e vida, destacando o papel controverso da catarse na problematização da reação estética cuja base consiste em emoções que são suscitadas por uma obra e vivenciadas por nós com intensidade, embora encontrem sua descarga na fantasia e nos processos imaginativos que se desdobram dessa vivência. "Graças a essa descarga central, retém-se e recalca-se extraordinariamente o aspecto motor externo da emoção, e começa a nos parecer que experimentamos apenas sentimentos ilusórios. É nessa unidade de sentimento e fantasia que se baseia qualquer arte" (Vigotski, 2001b, p. 272). O termo "sentimento" aparece para denotar uma qualidade da dinâmica afetiva em que a emoção está ligada à memória e à imaginação:

> Em arte, a reação apenas começa pela percepção sensorial, mas não se conclui aí. Por isso é necessário não iniciar psicologia da arte pelo campo que costuma operar, o das emoções estéticas elementares, mas partindo de dois outros problemas: o sentimento e a imaginação. (p. 200)

O vínculo entre a dimensão afetiva e a imaginação na arte é ressaltado, sendo "sentimento" o conceito empregado no que se refere a essa relação. Trata-se de uma emoção atemporal, que perdura, permanecendo viva na memória e na fantasia. Em nossa perspectiva, afeto, emoção e sentimento são compreendidos no sentir, pensar e agir humano e em sua relação com a ética e com a atividade criadora. Argumentamos, por fim, que a noção de sentimento é importante para (re)conhecer a experiência emocionalmente vivida e não só as circunstância externas da vida do sujeito, o que abre caminhos para explicar a singularidade.

Emoções e sentimentos nas intrincadas relações com a fantasia e a imaginação

Na perspectiva vigotskiana, a imaginação, como atividade criadora por excelência, abre ao homem a possibilidade de observar suas experiências vividas e projetar um futuro diferente, criando o novo. Na e pela atividade de criar é possível, por exemplo, pensar em novas maneiras de viver em sociedade. Ao apropriar-se dessa função, o homem se abre à possibilidade de exercer a liberdade. Em epígrafe do seu livro *A formação social da mente*, Vigotski (2001a) reproduz uma frase de Marx bastante significativa:

> A aranha realiza operações que lembram as de um tecelão, e as caixas que as abelhas constroem no céu podem tornar sem graça o trabalho de muitos arquitetos. Mas mesmo o pior arquiteto se diferencia da abelha mais hábil desde o princípio, em que, antes de construir com suas tábuas uma caixa, ele já a construiu na sua mente. No final do processo de trabalho ele obtém algo que já existia na sua mente antes que ele começasse a construir. O arquiteto não só modifica as formas naturais, dentro das limitações impostas por essa mesma natureza, mas também realiza um propósito próprio, que define os meios e o caráter da atividade à qual ele deve subordinar à sua vontade.

Numa perspectiva materialista, histórica e dialética, Vigotski defende que o processo de criação não se reduz ao trabalho produzido por grandes cientistas, gênios ou artistas, mas que envolve também as criações cotidianas de qualquer sujeito. Em toda ação humana há, para o autor, uma fagulha de criação.

Ao brincar de faz de conta, as crianças dão mostras de uma forma autêntica de criação pela imaginação. Mas essa forma fundamenta apenas a atividade criadora humana. As crianças imitam muito do que veem, mas, ressalta Vigotski, não se trata de mera reprodução, e sim de um processo de ressignificações em relação ao visto, vivido, sentido. Os elementos da realidade passam por processos de reelaboração e ganham novos sentidos no decorrer da própria brincadeira. Explicita-se, assim, a intrincada relação entre a emoção e a fantasia. A dimensão afetiva assume extrema importância no que diz respeito às combinações entre ambos, estando na base do processo de criação.

Para Vigotski, a fantasia é mobilizada pelas emoções, pela lógica interna dos sentimentos, sendo o aspecto mais interno, mais subjetivo da imaginação. Por outro lado, as emoções também são mobilizadas e se nutrem da combinação de elementos presentes na fantasia. É o que o autor (2009, p. 28), apoiado em Ribot, chama de "lei da representação emocional da realidade":

> Todas as formas de imaginação criativa contêm em si elementos afetivos. [...] Isso significa que qualquer construção da fantasia influi inversamente sobre nossos sentimentos e, a despeito dessa construção não corresponder por si só à realidade, todo sentimento que provoca é real, realmente vivenciado pela pessoa e dela se apossa.

Vigotski (2001b) procura destacar a inter-relação entre sentimento e fantasia ao problematizar a reação estética – as emoções que experimentamos na fruição de uma obra de arte. Ele nota que, tanto no jogo do faz de conta infantil como nos processos de representação artística, ocorre uma retenção da reação emocional em que o sentimento artístico se constitui e se mantém por meio da imaginação, que o reforça. As emoções e os sentimentos suscitados nos/pelos jogos e pelo faz de conta – e também na criação teatral e na fruição da obra de arte – são contidos em sua expressão ou manifestação externa.

É nesse processo de experienciar e (não) expressar que as emoções e os sentimentos são cultivados e, então, significados e (re)elaborados (Magiolino, 2011). É também nesse processo de interconstituição que o social e o pessoal se (trans)formam dialeticamente, permitindo que as experiências sejam (cri)ativamente ressignificadas, num processo singular e ao mesmo tempo coletivo. Essa dinâmica das relações constitui um *drama* que, vivenciado no âmbito das relações interpessoais, torna-se significativo na esfera individual (Smolka e Magiolino, 2010).

Tomando como foco de experimentação e análise o faz de conta que se explicita na leitura e na dramatização de textos literários em sala de aula, serão problematizadas as intrincadas relações entre emoção, sentimento e fantasia com base nas ideias aqui apresentadas.

A dramatização no espaço escolar: entre a palavra narrada e a palavra encarnada

No momento em que a bruxa cai no caldeirão, empurrada por João, ou que o ratinho consegue se safar da boca do leão, as crianças gritam junto com os personagens! Quando a história acaba, é hora do parque. As crianças começam a brincar de bruxa, de fada, de lobo, de leão e de ratinho... A brincadeira se repete e toma parte do cotidiano infantil. A cada dia, na hora do recreio, as crianças brincam e imitam os personagens. Há uma espécie de dramatização espontânea em que são mobilizados sentimentos e emoções que impactam as crianças em sua vida cotidiana.

A cada dia, no entanto, uma nova história, um novo modo de vivenciá-la, um novo personagem... Porém, agora, aquelas que são aprisionadas pela bruxa ficam com medo e correm. As que estão sendo perseguidas por lobos correm até a professora e choram. A fada e o curupira, por sua vez, se enchem de coragem... As crianças que eram tomadas pelo medo – do lobo, da bruxa – brincam e fazem questão de assumir esses papéis! Uma espécie de dramatização espontânea toma conta da atividade das crianças na escola – e também fora dela!

Como vimos, a literatura fantástica é controversa entre os professores. Alguns temem que as crianças sejam cooptadas por esse mundo de coisas que não existem e não aprendam o que precisaria de fato ser ensinado na escola. Mas o que acontece quando a professora faz uso da literatura e da dramatização no cotidiano de sua sala de aula?

Acostumada a trabalhar com o teatro na sala de aula, a professora decide, então, dramatizar um texto sobre a mãe do Frankenstein, de autoria de José Paulo Paes. Por ter sido criado em laboratório, o famoso monstro não tinha mãe. Ressentindo-se disso, pede a seu criador uma mãe biônica. Ao vê-la pronta, fica tão emocionado que acaba sufocando-a.

No momento em que a professora termina a leitura e anuncia a realização da atividade, Vitor levanta a mão dizendo que quer fazer o papel do monstro biônico. Divididos os personagens, a dramatização é iniciada. Ao abraçar a colega que faz o papel de sua mãe, o menino se emociona. Ele olha para a professora com lágrimas nos olhos e um sorriso no rosto. As crianças, ao contrário, riem de sua interpretação tragicômica.

Como de costume, as crianças logo se sentam e a interpretação oral do texto se inicia num debate acalorado. As crianças tocam em diversos pontos, mas uma das meninas, a que fizera o papel da mãe, ressalta: "Eu acho que o Frank não devia se sentir complexado por não ter mãe". Vitor inclina-se na carteira e arregala os olhos.

A professora incita a aluna a prosseguir. "Não é só a mãe que cuida, tem muita gente importante." Outros alunos dão sequência à discussão e um deles ressalta a importância dos amigos. Ao final da aula, Vitor procura a professora para dizer que gostou muito da história e do teatro que fizera. (Trecho extraído de diário de campo)

Essa situação pode ser analisada sob vários aspectos. Aqui, interessa avaliar a complexa dinâmica afetiva e a intrincada relação de emoções e sentimentos com a imaginação e a fantasia, o pensamento e o desejo.

Alguns estudos têm apontado que, ao refletir sobre o brincar, as crianças ampliam as possibilidades do desenvolvimento cognitivo que abrange operações de generalização. Além disso, a brincadeira de faz de conta e a dramatização desvelam a complexa relação entre o pensamento e o desejo.

Assim, podemos pensar que o *drama* vivido por Vitor e por Frankenstein remete-nos a impressões e imagens que carregam um signo emocional comum: o complexo que será a base para a imaginação de Vitor e se cristalizará na dramatização realizada em sala de aula.

Acompanhando a dor e a tristeza causadas pela perda da mãe e pelo abandono do pai de Vitor, vemos que estas se cristalizam em um sentimento de complexo de inferioridade que despotencializa suas ações, a relação com os colegas e com o conhecimento. Esse sentimento real – no sentido em que Vigotski apontava –, presente em sua vida é atualizado nas experiências que vive nas e pelas significações que dela emergem.

Contudo, na história de Frankenstein, que, conforme o autor, também se sentia complexado, esse sentimento é o que o mobiliza à ação: pedir uma mãe biônica ao cientista que o criou. Vitor relaciona seus desejos a Frank, esse "eu fictício, ao seu papel no jogo e suas regras" – como assinala Vigotski (2000). Ao exercer esse papel e experienciar esse novo lugar, novos sentidos e significados vêm à tona para o menino. O sentimento adquire significado, socialmente partilhado nos comentários dos colegas e vivido por ele, também ao ocupar a posição de Frankenstein.

Vigotski (2000) menciona a relação de ideia e desejo na filosofia de Espinosa em suas elaborações sobre o brincar, como já vimos neste capítulo. Nesse momento, ele trata da relação da brincadeira com a vivência do desejo. No jogo de fazer de conta, a regra, o dever, o pensamento, a ideia – o que é/como deve ser o monstro – que emergem das/nas práticas sociais e educativas se convertem em desejo – ser/querer ser como o monstro biônico.

Vigotski (2001b) abre a sua *Psicologia da arte* com uma frase emprestada de Espinosa: "Não sabemos o que o corpo pode". O corpo memorioso, sensível, impregnado de signos e sentidos, material semiótico, e aberto ao mundo, ao outro, convoca à interpretação, à significação, à relação. Na dramatização de um texto literário na escola, Vitor pode vivenciar o desejo de Frank de ter uma mãe, uma mãe biônica, em sua pele, em seu corpo-mente. As emoções que experimenta e os sentimentos contraditórios que perduram são conhecidos e significados; sua potência de ação é ampliada.

A dramatização, como a arte, técnica social das emoções, abre à criança possiblidades de experimentação daquilo de que seu corpo é capaz. Numa íntima relação dialética, de choque, conflito e interconstituição, pensamento e desejo acompanham-se estreitamente. A ordem, a hierarquia e as relações entre pensamento e emoção mudam ao longo da dramatização.

Nessa dramatização, como *acontecimento artístico embrionário* – para usar as palavras de Bakhtin – a atitude de Vitor para com a vida de Frankenstein e o desejo de vivenciar a vida do "monstro" não se encaixam numa relação estética apenas, mas numa relação ética, pois o *drama* do personagem é também seu até certo ponto.

Para além de apenas simular, o sentimento vivido nessa experiência permite à criança imaginar o que poderia vir a ser – algo da imaginação se objetiva, se cristaliza, mas não mais como o sentimento, o complexo, o que despontencializa. Trata-se, assim, de um novo modo de vivenciar esse sentimento. Nesse processo, as emoções assumem outro papel, tomam outro lugar, adquirem novos sentidos. A vida, o sentido, o vivido são, nesse (in)tenso movimento, redimensionados pela experiência.

Nesse sentido, a dramatização é algo que permite não só a expressão das emoções como, antes de tudo, a sua vivência, o seu (re)conhecimento e a sua significação. As emoções da criança se realizam e são encharcadas de sentido. O repertório emocional da criança amplia-se, se enriquece...

> Não se deve esquecer que a lei principal da criação infantil consiste em ver seu valor não no resultado, no produto da criação, mas no processo. O importante não é o que as crianças criam, o importante é que criam, compõem, exercitam-se na imaginação criativa e na encarnação dessa imaginação. (Vigotski, 2009, p. 101)

O espetáculo, ou melhor, a apresentação de uma peça pelas crianças, deve fazer sentido para elas em todas as esferas da criação: cenários, texto, figurinos – como fazia o ator da *commedia dell'arte*. É justamente essa ampla palheta de possibilidades que se abrem à criação infantil que torna a dramatização mais diretamente relacionada à brincadeira que a qualquer outro tipo de atividade de criação.

Posições e papéis sociais, funções psicológicas em choque: drama. Frankenstein e a mãe biônica... A bruxa e a fada... O porquinho e o lobo...

O leão, o elefante, o rato ou o macaco... Ao vivenciar esses personagens fabulescos, mais do que expressar uma dramatização espontânea, mais do que se fantasiar de seus animais preferidos ou aprender a moral da história, as crianças podem, no/pelo exercício lúdico, exercitar as diferentes posições sociais que constituem tais obras. Vivenciam, assim, diferentes desejos, motivações e emoções – o rei da selva, aquele que manda, o elefante, o súdito subserviente, o ratinho, o "monstro" que tem uma mãe biônica. O brincar é, nesse sentido, um exercício do drama (de ser e se fazer) humano. Ressalte-se o papel fundamental que a professora assume, em situações específicas de dramatização do texto literário, de mediação de seus processos emocionais.

E, nesse movimento de exercício e vivência corporal e imaginativa, o que está em jogo é a abertura à possibilidade de uma educação sensível e expressiva, uma educação (est)ética que se fundamenta no afeto e no desejo – não isoladamente, mas na relação com o pensamento e a cognição. Trata-se de uma educação que põe fim a dicotomias como razão-emoção, corpo-mente, conhecimento-afeto, pessoal-social. Dicotomias essas que ainda fazem viver um paradigma de inspiração cartesiana em nossas escolas e salas de aula.

Na esteira dessas considerações, notemos a possibilidade de subversão presente na *commedia dell'arte*. Esse gênero teatral era tecido na arte de fazer rir e, pelo riso, ridicularizar e criticar os papéis sociais rigidamente estabelecidos numa sociedade de classes – a arte como possibilidade de transformação social.

Nesse sentido, a educação ética e estética que aqui se insinua coloca em perspectiva o desejo e a afetividade – não como proclamação da relação afetiva entre professor e aluno, muito menos como alfabetização emocional. Tampouco para valorizar o afeto em detrimento da cognição. Essa educação (est)ética se parece com a postura crítica, social, da *commedia dell'arte*; com o ator que, segundo Stanislávski, permanece ativo diante da peça encenada, vivencia em seu corpo desejo, pensamento, emoções e sentimento, constitui-se como artífice de si mesmo – sendo esse "si mesmo" possível apenas por intermédio dos outros.

RELEMBRANDO

Ao longo deste capítulo, vimos que:

O papel do brincar se desvela, na perspectiva vigotskiana, entre a apropriação da regra e a educação do desejo.

A dinâmica afetiva, numa perspectiva histórico-cultural, implica compreender a intrincada relação entre emoção e significação – como complexo processo de (re)produção de signos e sentidos.

As emoções e os sentimentos são compreendidos no processo dramático de constituição da personalidade e no sistema interfuncional e dinâmico que caracteriza o psiquismo.

A personalidade, para Vigotski, constitui-se dramaticamente, no e pelo drama que vivenciamos ao ocuparmos diferentes papéis sociais – que, por sua vez, são marcados pelo choque entre as diferentes funções psicológicas.

Emoções e sentimentos relacionam-se com a fantasia e a imaginação; nesse processo, os aspectos intelectuais e afetivos ganham corpo e potência.

A atividade criadora da criança se faz presente na dramatização que emerge no cotidiano de maneira mais espontânea, mas é potencializada e redimensionada na dramatização em situações específicas em sala de aula – como aquela que toma o texto literário. Nessas ocasiões, o professor assume papel importante na mediação de seus processos emocionais em sua intrincada relação com os demais processos psicológicos.

Ao tomar a dramatização no espaço escolar, problematizamos e discutimos as possiblidades que se abrem à educação que coloca em perspectiva o desejo e a afetividade numa perspectiva (est)ética.

SUGESTÃO DE ATIVIDADES

A — Apresente músicas que tenham enredo e abram a possibilidade de experimentar diferentes emoções no vivenciamento dos mais diversos papéis – A música *O rato* (Palavra Cantada , CD *Canções curiosas*, 1998) é um bom exemplo.

B — Ao contar histórias, abra às crianças a possiblidade de brincar de faz de conta, dramatizando as personagens. Dramatize com as crianças e vivencie com elas o processo de criação de uma peça teatral.

C — Para começar, use textos curtos, mas com possibilidades amplas de trabalho com os sentidos – como a primeira parte de "Quatro historinhas de horror", de José Paulo Paes (*É isso ali: poemas adulto-infantojuvenis*. Rio de Janeiro: Salamandra, 1984).

D — A escolha do texto é importante. Pode ser aleatória, mas também deve ser pensada para trabalhar questões delicadas no coletivo, na experimentação dramática em sala de aula.

E — Apresente um texto literário ou uma música ou aproveite um tema que surja e permita que as crianças experimentem diferentes atividades ao compor juntas uma peça. Mas, lembre-se: as crianças devem criar os cenários, os figurinos e os adereços com objetos de seu cotidiano. O processo importa mais que o resultado.

Referências bibliográficas

BAKHTIN, M. *Estética da criação verbal*. São Paulo: Martins Fontes, 2003.

DAMÁSIO, A. *Em busca de Espinosa: prazer e dor na ciência dos sentimentos*. São Paulo: Companhia das Letras, 2004.

GOLEMAN, D. *Inteligência emocional*. Rio de Janeiro: Objetiva, 2005.

MAGIOLINO, L. L. S. *Emoções humanas e significação numa perspectiva histórico-cultural do desenvolvimento humano: um estudo teórico da obra de Vigotski*. Tese (Doutorado em Educação), Universidade Estadual de Campinas, Campinas (SP), 2010.

______. "As emoções humanas nas experiências vividas: transformação e significação nas relações (est)éticas". In: SMOLKA, A. L. B.; NOGUEIRA, A. L. H. (orgs.). *Emoção, memória, imaginação na constituição do desenvolvimento humano*. v. 2. Campinas: Mercado de Letras, 2011, p. 35-56.

______. "A significação das emoções no processo de organização dramática do psiquismo e de constituição social do sujeito". *Psicologia & Sociedade*, prelo.

PINO, A. *Afetividade e vida de relação*. Campinas: Faculdade de Educação da Universidade Estadual de Campinas (mimeo), 2000.

SMOLKA, A. L. B. "Sobre significação e sentido: uma contribuição à proposta de rede de significações". In: ROSSETTI-FERREIRA, K. S. *et al.* (orgs.). *Rede de significações e o estudo do desenvolvimento humano*. Porto Alegre: Artmed, 2004, p. 35-49.

SMOLKA, A. L. B.; MAGIOLINO, L. L. S. "Contribuições para a educação – Modos de ensinar, sentir e pensar". *Educação* (São Paulo), v. 2, 2010, p. 30-39.

VIGOTSKI, L. S. [1929] "Manuscrito de 1929. A psicologia concreta". *Educação & Sociedade*, ano XXI, n. 71, jul. 2000.

______. [1934] *A construção do pensamento e da linguagem*. São Paulo: Martins Fontes, 2001a.

______. [1925] *Psicologia da arte*. São Paulo: Martins Fontes, 2001b.

______. *Psicologia pedagógica*. São Paulo: Martins Fontes, 2004.

VYGOTSKI, L. S. [1933] *Teoría de las emociones – Estudio histórico-psicológico*. Madri: Akal, 2004.

VYGOTSKY, L. S. [1929] *A formação social da mente*. São Paulo: Martins Fontes, 2000.

WALLON, H. *As origens do caráter na criança*. São Paulo: Nova Alexandria, 1995.

Os autores

Anna Maria Lunardi Padilha

Graduada em Pedagogia pela Pontifícia Universidade Católica de Campinas (PUC-Campinas), é mestre em Psicologia da Educação pela Universidade Estadual de Campinas (Unicamp) e doutora em Educação, Conhecimento, Linguagem e Arte pela mesma instituição. Atualmente, é professora titular da Universidade Metodista de Piracicaba, no Programa de Pós-Graduação em Educação. Atua principalmente nos seguintes temas: educação especial, inclusão e exclusão social, práticas educativas escolares e não escolares, formação de professores, desenvolvimento humano, processos de ensino e aprendizagem, conhecimento e cotidiano escolar. É autora de *Práticas pedagógicas na educação especial: a capacidade de significar o mundo e a inserção cultural do deficiente mental* (Autores Associados/Fapesp, 2005) e coautora de *Educação para todos: as muitas faces da inclusão escolar* (Papirus, 2013).

Clícia Assumpção Martarello de Conti

Psicóloga pela Universidade Federal de Santa Catarina e doutora em Educação pela Universidade Metodista de Piracicaba. Tem formação em Psicanálise pelo Instituto de Psicanálise de Campinas e pelo Centro Winnicott de Campinas. Ex-professora universitária, atende crianças, adolescentes e adultos em consultório particular. Oferece, desde 2008, supervisões clínicas periódicas na equipe de saúde mental de um centro de saúde em Campinas (SP). Publicou artigos em revistas científicas e atua como parecerista em editoras de revistas e livros na área da psicanálise e educação. Presta assessoria a educadores em escolas de educação infantil e a projetos artístico-culturais para a infância.

Daniele Nunes Henrique Silva

Professora do Programa de Pós-Graduação em Processos de Desenvolvimento Humano e Saúde (PG-PDS/UnB) e do Departamento de Psicologia Escolar e Desenvolvimento (PED), Instituto de Psicologia, Universidade de Brasília. Pesquisadora vinculada ao Grupo de Pesquisa Pensamento e Linguagem (GPPL/Unicamp) e vice-líder do Grupo de Pesquisa Pensamento e Cultura (GPCULT/UnB). Tem experiência nas áreas de psicologia do desenvolvimento e psicologia da educação, com ênfase investigativa nos seguintes temas: infância e cultura, psicologia da arte (funcionamento imaginativo e processos criativos no desenvolvimento), educação inclusiva, processos mediacionais no ensino e na aprendizagem, surdez e outras necessidades especiais.

Fabrício Santos Dias de Abreu

Pedagogo formado pela Faculdade de Educação da Universidade de Brasília (UnB). Mestrando em Processos de Desenvolvimento Humano e Saúde (Instituto de Psicologia/UnB), cursa especialização em Gestão da Educação a Distância pela Universidade Federal Fluminense (UFF). Tem como eixo epistemológico as proposições teóricas da psicologia histórico-cultural, principalmente nos seguintes temas: infância, imaginação, deficiência e linguagem. No mestrado, tem se dedicado a estudar as dimensões do afeto e da sexualidade em surdos homossexuais. Integra o Grupo de Pesquisa Pensamento e Cultura (GPCULT/UnB), atuando ainda como supervisor do Curso de Aperfeiçoamento Gênero e Diversidade na Escola (FE/UnB). É professor das séries iniciais do ensino fundamental da Secretaria de Educação do Distrito Federal.

Gabriela Sousa de Melo Mieto

Professora adjunta do Departamento de Psicologia Escolar e do Desenvolvimento (PED) do Instituto de Psicologia da Universidade de Brasília (UnB). Doutora em Processos do Desenvolvimento Humano e

Saúde pela UnB, foi bolsista da Capes no estágio de doutorado sanduíche realizado na Universidad Autónoma de Madrid e na Universidade Estadual do Rio de Janeiro (Uerj). Mestre em Psicologia pela UnB, graduou-se em Psicologia pela Universidade Estadual Paulista Júlio de Mesquita Filho (Unesp). Membro do Laboratório Ágora Psyché e do Grupo de Pesquisa GPPCult (CNPq), colabora também com o grupo de pesquisa Desarrollo Temprano y Educación (Deteduca). Atualmente, dedica-se ao desenvolvimento das crianças na primeira infância e à sua interface com os contextos educacionais e familiares.

Ivone Martins de Oliveira

É graduada em Pedagogia pela Universidade Estadual de Campinas (Unicamp). Mestre e doutora pela mesma instituição, é professora do Departamento de Teorias do Ensino e Práticas Educacionais do Centro de Educação da Universidade Federal do Espírito Santo (Ufes), atuando também no Programa de Pós-Graduação em Educação. Tem experiência na área de educação, com ênfase em ensino e aprendizagem, desenvolvendo estudos e pesquisas principalmente nos seguintes temas: desenvolvimento infantil, práticas educativas na educação infantil, educação especial e formação de professores. É líder do grupo de Pesquisa, vinculado ao CNPq, Desenvolvimento Humano e Práticas Educativas em Espaços Escolares e não Escolares.

Lavínia Lopes Salomão Magiolino

Professora e pesquisadora na interface da psicologia com a educação, tem desenvolvido estudos e pesquisas sobre emoção, significação, criação e arte, numa perspectiva histórico-cultural do processo de constituição humana, em diferentes campos de investigação: a dinâmica da afetação no espaço escolar, o trabalho do ator e a criação estética e, mais recentemente, a adolescência e a conflitualidade. Mestre e doutora pela Universidade Estadual de Campinas (Unicamp), é pós-doutora pela Pontifícia Universidade Católica (PUC-SP). Atualmente, é professora do mestrado Adolescente em Conflito com a Lei, da Universidade Anhanguera de São Paulo.

Maria Nazaré da Cruz

Psicóloga formada pela Universidade de São Paulo (USP) e doutora em Educação, pela Universidade Estadual de Campinas (Unicamp). Atualmente, é docente do Programa de Pós-Graduação em Educação da Universidade Metodista de Piracicaba. Tem se dedicado ao estudo de questões relativas à linguagem, às interações sociais e ao desenvolvimento de crianças de até 6 anos, na perspectiva da psicologia histórico-cultural, bem como em pesquisas nas áreas de educação infantil e formação de professores.

Marina Teixeira Mendes de Souza Costa

Professora da Secretaria de Estado de Educação do Distrito Federal, atua nas séries iniciais do ensino fundamental e na educação infantil. Doutoranda e mestre em Processos de Desenvolvimento Humano e Saúde pela Universidade de Brasília (UnB), é membro do grupo de pesquisa Pensamento e Cultura (GPCULT/UnB). Especialista em Psicopedagogia pela UnB e em Psicomotricidade pela Universidade Cândido Mendes, graduou-se em Pedagogia pela UnB.

Silviane Barbato

Professora associada do Departamento de Psicologia Escolar e do Desenvolvimento da Universidade de Brasília (UnB). Pesquisadora do CNPq, líder do Grupo de Pesquisa Pensamento e Cultura e pesquisadora do Laboratório Ágora Psychè, desenvolve projetos de pesquisa sobre a construção do self de crianças de 6 anos, tendo em vista os processos de ritmo, musicalidade e brincadeira em contextos formais e informais, enfocando linguagem e movimento em atividades mediadas por leitura, escrita, novas tecnologias e videojogos.

www.gruposummus.com.br

IMPRESSO NA GRÁFICA sumago

sumago gráfica editorial ltda
rua itauna, 789 vila maria
02111-031 são paulo sp
tel e fax 11 2955 5636
sumago@sumago.com.br